Spargel & Erdbeeren

EDITION XXL

Vorwort

Endlich ist es wieder so weit: Der erste Spargel ist da und die ersten sonnengereiften Erdbeeren können geerntet werden. Obst und Gemüse aus der Saison sind eine wahre Freude für den Gaumen. So habe ich in diesem Buch die beiden Boten des Frühlings für Sie vereint.

Jedes Jahr warten wir sehnsüchtig auf die knackig frischen Spargelstangen. Mit neuen Kartoffeln, zerlassener Butter oder der berühmten Sauce hollandaise ist das feine Gemüse seit jeher ein festes Ritual der Sonntagsküche im Frühjahr.

Doch der Genuss geht weiter: Ob grün oder weiß, als Hauptzutat vegetarischer Gerichte oder raffiniert kombiniert mit leckeren Beilagen und aromatischen Gewürzen – Spargel schmeckt auch fernab der klassischen Sauce hollandaise einfach unvergleichlich gut!

Mit einem durchschnittlichen Verzehr von ca. 1,3 kg Spargel im Jahr sind die Deutschen „Weltmeister" im Spargelessen. Und es sei ihnen vergönnt, denn das königliche Gemüse ist nicht nur ein besonders schmackhafter, sondern auch leichter Genuss. Deshalb finden Sie auf den Seiten 12 bis 15 eine Blitzdiät mit dem edlen Gemüse als Hauptdarsteller.

Die pure Erdbeere oder mit Eis und Sahne ist schon ein wahrer Genuss. Dass sie auch als Backzutat, für exklusive Desserts oder in Kombination mit anderen Früchten der Saison wie z. B. Rhabarber, einiges hermacht, zeige ich Ihnen anhand von ausgefallenen Rezepten.

Wer denkt, dass die Erdbeere immer gleich mit vielen Kalorien in Verbindung stehen muss, wird auf den Seiten 60 und 61 mit einer schmackhaften 3-Tage-Diät eines Besseren belehrt.

Ich wünsche Ihnen viel Spaß beim kulinarischen Genuss des Frühlings.

Ihre

Elisabeth Bangert

Inhalt

Spargel

Erdbeeren

Ratgeber *Spargel*

Geschichte und Herkunft:

Wissenschaftler vermuten den Ursprung der köstlichen Gemüsestangen in Vorderasien. In Ägypten wurde Spargel bereits vor rund 5000 Jahren verzehrt. Auch die Griechen und Römer begeisterten sich für die Spargelpflanze: Bei den Griechen galt sie als Heil- und Zaubermittel. Die Römer kultivierten die Pflanze und bauten den Spargel in Gärten an. Heute wird er rund um den Erdball in Gebieten mit gemäßigtem bis warmem Klima angebaut.

Vor dreihundert Jahren war nur der grüne Spargel bekannt. Erst vor etwa hundert Jahren begann man, weißen Spargel in Erdwällen zu ziehen. Neben dem weißen Spargel erfreuen sich auch die grüne und die violette Variante wachsender Beliebtheit, wobei der weiße Spargel allerdings die Lieblingssorte in der deutschen Küche ist.

Sorten und Arten:

Man unterscheidet zwischen Bleichspargel- und Grünspargelsorten. Der Verbraucher orientiert sich allerdings weniger an den Sorten, sondern eher an der Farbe und Frische.

1. Weißer Spargel

- milder im Geschmack als grüner Spargel
- wird gestochen, bevor er mit Sonnenlicht in Berührung kommt

2. Violetter Spargel

- wird erst gestochen, wenn der Kopf aus der Erde kommt
- ausdrucksvoller Geschmack

3. Grüner Spargel

- erinnert im Geschmack ein wenig an junge Erbsen
- ist preiswerter und hat mehr Vitamine als weißer Spargel
- wird auf flachen Feldern gezogen und ist deshalb leichter zu ernten als weißer Spargel

4. Purpurspargel

- würziger Geschmack
- wächst überirdisch
- eine besondere Form des Grünspargels mit einem höheren Zuckeranteil als andere Sorten
- bei uns selten erhältlich

5. Wildspargel

- stammt aus dem Mittelmeerraum und schmeckt etwas herber und würziger als grüner Spargel
- die Stangen sind dünn und die Köpfe fast traubenförmig

Der Anbau und die Ernte:

Die Spargelsaison beginnt je nach Witterung ab Mitte April und geht am 24. Juni mit dem Johannistag zu Ende.

Damit die leckeren Stangen knackig frisch auf unserem Esstisch landen, wird bei den meisten Spargelbauern zweimal täglich geerntet: am frühen Morgen und am späten Nachmittag, denn bei optimaler feuchtwarmer Witterung wachsen die leckeren Stangen am Tag bis zu 7 cm.

Alle Spargelsorten müssen auch heute noch in Handarbeit einzeln geerntet werden. Das geübte Auge der Erntehelfer erkennt an den Rissen der Erdwall-Oberflächen den austreibenden Spargel, der dann zunächst mit den Fingern herausgegraben wird. Mit einem speziellen länglichen Spargelstechmesser werden die Stangen dann über dem Wurzelstock abgeschnitten. Dies muss zügig geschehen, bevor das Tageslicht das edle Gemüse verfärbt. Der „gestochene“ Spargel wird in Körbe gelegt und durch Abdecken vor dem Austrocknen geschützt.

Grüner Spargel wird ohne Spargeldämme angebaut und geerntet, wenn er eine Länge von etwa 20 cm erreicht hat. Er gedeiht auch auf schwerer durchlässigen Böden in warmem Klima. Auf Temperaturschwankungen reagiert er empfindlich, bei kalter Witterung kann sich die Grünfärbung verzögern. Die Stangen sind etwas dünner als beim weißen Spargel, aber sehr aromatisch und herzhafter im Geschmack.

Spargel in der Küche:

Aufbewahrung: Ungeschälter weißer Spargel hält sich ca. zwei bis drei Tage frisch, wohingegen geschälter Spargel nach einem Tag bereits verzehrt werden sollte. Voraussetzung für diese Haltbarkeit ist, dass er in ein feuchtes Küchentuch gewickelt und im Gemüsefach des Kühlschranks gelagert wird. Grünspargel wächst nach der Ernte weiter, deshalb stellt man ihn bis zur Zubereitung ins Wasser. Der Spargel darf keinesfalls Frost bekommen, da sonst Kälteschäden entstehen!

Vorbereiten: Um zu vermeiden, dass Spargel holzig schmeckt, sollte man weißen Spargel stets gut schälen und die holzigen Stangenenden großzügig abschneiden. Von Wildspargel und grünem Spargel nur das untere Drittel schälen und die holzigen Enden abschneiden.

Vorrat: Spargel lässt sich prima einfrieren! Dafür den geschälten Spargel kurz blanchieren:

Für 500 g Spargel 2 l Wasser unter Zusatz von etwas Zitronensaft zum Kochen bringen. Den Spargel hineingeben und drei Minuten (grünen Spargel nur 1 ½ Minuten) blanchieren. Aus dem Wasser nehmen und in einer Schüssel mit Eiswasser schnell abkühlen lassen.

Nun die Spargelstangen trocken tupfen und auf einem Küchenbrett in den Gefrierschrank legen. Nach dem Gefrieren den Spargel portionsweise verpacken und im Gefrierschrank lagern.

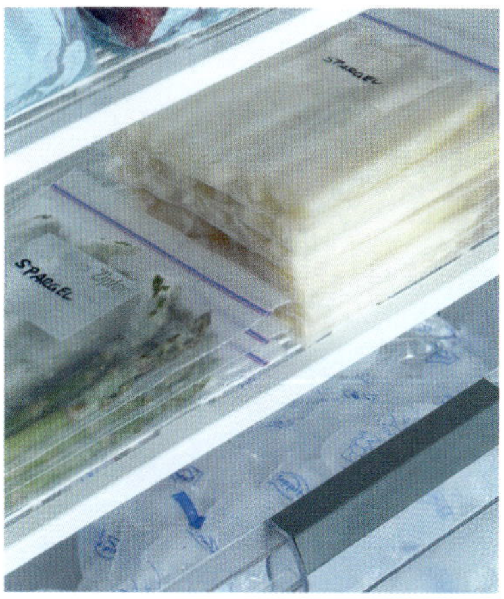

Bei Bedarf die leckeren Stangen einfach unaufgetaut in das kochende Wasser geben und wie gewohnt zubereiten. Roh kann man Spargel bis zu drei Monate einfrieren. Durch das Blanchieren bleibt er bis zu zehn Monate schmackhaft.

Spargelstücke müssen nicht vorgefroren werden. Sie kommen direkt mit etwas Spargelwasser in die Verpackung und dann in den Gefrierschrank.

Einkaufen:

Beim Kauf von Spargel kann man die Frische am besten an den Schnittstellen erkennen: Diese sollten glatt, hell und möglichst saftig aussehen. Frischer weißer Spargel „quietscht", wenn man die Stangen aneinander reibt.

Die Handelsklassen: Spargel wird in verschiedene Handelsklassen eingeteilt. Sie stellen die Qualität sicher und erleichtern den Einkauf: Klasse Extra, Klasse I, Klasse II und Klasse III eignen sich zum Verzehr als Gemüse und unterscheiden sich lediglich in Durchmesser, Form und Färbung. Je niedriger die Handelsklasse ist, desto mehr sollten Sie beim Schälen wegschneiden.

Bruchspargel eignet sich für Suppen oder als Fond. Er ist meist sehr günstig. Spargel, den Sie direkt vom Erzeuger erwerben, muss nicht nach Handelsklassen eingestuft sein.

Die traditionelle Zubereitung von Spargel:

Faustregel: Pro Mund ein Pfund!

Für 4 Personen:

2 kg Spargel, 1 Prise Salz, 1–2 TL Zucker, 1 EL Butter, 2 EL Zitronensaft (nur bei weißem Spargel!)

1. Die Spargelstangen waschen, einzeln auf die flache Hand legen und mit dem Spargelschäler unterhalb des Kopfes beginnend bis zum Ende schälen.

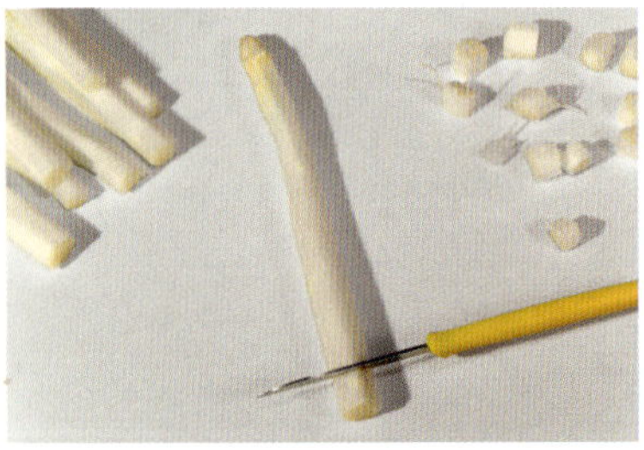

2. Nun den Spargel mit dem Kopf Richtung Körper in die Hand nehmen, mit einem scharfen Messer abschneiden und zum Spargelkopf hin wegziehen, sodass die restlichen Fäden entfernt werden. Die Schnittstelle muss weich sein, damit der Spargel nicht holzig ist.

Spargelschalen und die abgeschnittenen Enden nie wegwerfen, sondern daraus eine Brühe für Suppen oder Soßen kochen.

3. Den geschälten Spargel in den Siebeinsatz des Spargeltopfes stellen. Den Topf etwa zu ²/₃ mit Wasser füllen und aufkochen. Salz, Zucker und Butter hineingeben. Spargel kann ab und zu Bitterstoffe enthalten. Deshalb wird dem Kochwasser ein wenig Zucker hinzugefügt, um diesen Geschmack etwas zu neutralisieren. Den Siebeinsatz mit den Spargeln einsetzen.

Die Garzeit richtet sich nach der Dicke der Stangen! Der Mittelwert liegt bei 10 bis 15 Minuten. Grüne Spargelstangen sind meist dünner und benötigen dementsprechend auch weniger Garzeit. Sie liegt bei etwa 8 bis 12 Minuten.

Zitronensaft im Kochwasser sorgt für die strahlend weiße Farbe der zarten Stangen. Bei der weißen Sorte ist dieser Effekt gewollt, beim grünen sollte jedoch auf den Saft verzichtet werden, da hier ein „Bleicheffekt" eher unerwünscht ist.

Spargel sollte noch etwas „Biss" haben. Zu lange gekochter Spargel wird wässrig und geschmacklos. Übrigens: Der typische Spargelgeschmack ist beim Rohverzehr kaum vorhanden: Das leckere Aroma entwickelt sich erst durch Wärmeeinwirkung.

Die Spargel-Brühe:

1. Die Schalen und abgeschnittenen Enden der Spargelstangen waschen und abtropfen lassen.

2. Den „Spargelabfall" zusammen mit etwas Margarine in einen Topf mit Wasser geben, alles aufkochen und zehn Minuten bei geringer Hitze köcheln lassen. Achtung: Bei zu langer Kochzeit kann die Brühe bitter werden!

3. Dann alles durch ein Sieb in eine Schüssel abgießen und die Schalen gut auspressen, um möglichst viele Inhaltsstoffe, die direkt unter der Schale sind, und viel Geschmack zu erhalten. Nun haben Sie die Basis für aromatische Soßen oder sahnige Suppen!

Die Topfwahl

Wer keinen Spargeltopf hat, kann natürlich auch einen ganz normalen Topf nehmen. Hier ist ein breiter Topf mit einem Durchmesser von ca. 24 cm geeignet, weil der Spargel liegend gekocht werden kann und nicht bricht.

So wird's ganz und „gar" lecker …

Schön zart wird der Spargel nicht nur mit einem kochenden Wasserbad im Kochtopf. Das edle Gemüse lässt sich zum Beispiel auch im Bratschlauch oder mit Alufolie in einer Fettpfanne besonders schonend garen. Wie? Ganz einfach!

Alufolie

Der silberne Küchenklassiker von der Rolle hält nicht nur Speisen frisch, er eignet sich auch gut zum schonenden Dünsten von Fleisch, Fisch oder Gemüse. Dabei bleiben – durch das Einwickeln in bzw. das Abdecken mit Alufolie – das Aroma und die Nährstoffe sehr gut erhalten. Neuartigen Brat-Alufolien gelingt es sogar, die Bratzeit um bis zu 30 % zu verkürzen.

Probieren Sie es also einfach mal aus:

1. Backofen auf 200° C, Gas Stufe 3–4, Umluft 180° C vorheizen.

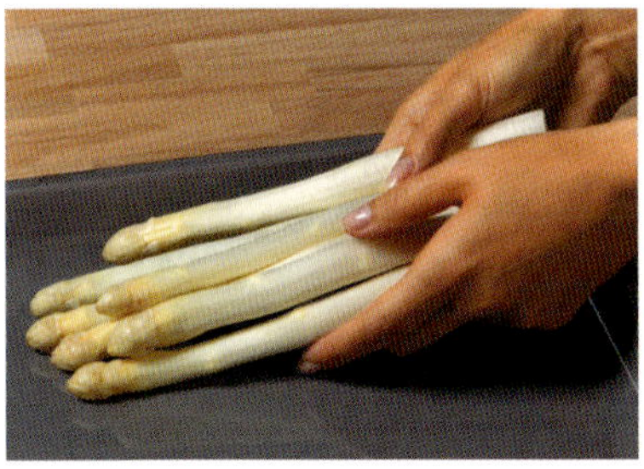

2. Spargel waschen, schälen, holzige Enden abschneiden und in Fettpfanne oder Auflaufform gleichmäßig verteilen. Fondor und Zucker in Wasser auflösen und über den Spargel gießen. Butterstückchen darauf verteilen.

3. Fettpfanne bzw. Auflaufform mit Alufolie verschließen und 50–60 Minuten im Backofen garen.

Bratschlauch

Nicht nur frisches Fleisch, Geflügel und Fisch, sondern auch knackiges Gemüse lässt sich im Bratschlauch schnell und recht einfach garen. Aroma, Nährstoffe und Vitamine bleiben bei diesem schonenden Garverfahren weitestgehend erhalten, während Sie sich die Zugaben von Fett oder Öl praktisch völlig sparen können.

So einfach gart man Spargel im Bratschlauch:

1. Bratschlauch zuschneiden (ca. 20 cm länger als die Spargelstangen) und auf einer Seite verschließen.

2. Nun geben Sie den Spargel mit etwas Spargelbrühe in den Schlauch.

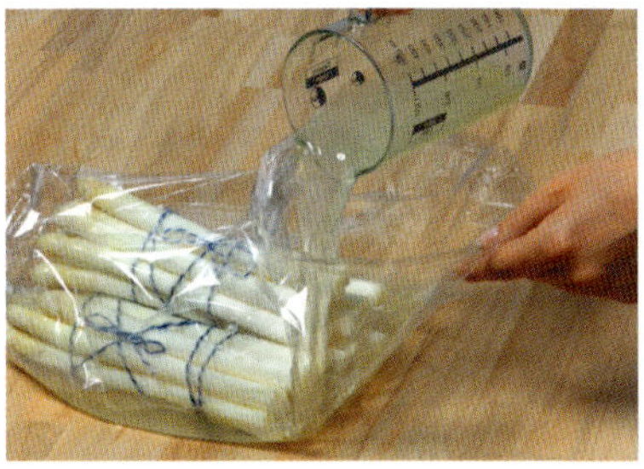

3. Verschließen Sie den Bratschlauch nun auch auf der anderen Seite und legen Sie ihn mit nach oben gerichteter Schweißnaht auf das Backblech.

4. Damit der Dampf entweichen kann, schneiden Sie den Bratschlauch einmal ca. 1 cm auf der Schweißnaht ein, bevor Sie ihn in den Backofen (unterste Schiene) schieben.

5. Nun heizen Sie den Ofen auf 180–200° C, Gas Stufe 2–4, Umluft 160–180° C an. Wichtig: Die Folie darf nicht die Innenseiten des Backofens berühren!

6. Am Ende der Garzeit ziehen Sie das Backblech aus dem Ofen und schneiden den aufgeblähten Bratschlauch vorsichtig auf.

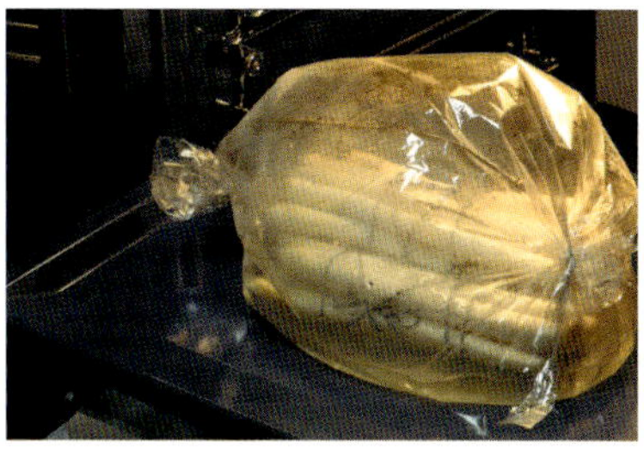

Sauce hollandaise:

Zutaten für 4 Personen:

150 g Butter
2 frische Eigelbe
50 ml Weißwein
ein Schuss Zitronensaft
1 Prise Salz, Pfeffer

1. Die Butter bei geringer Hitze in einem kleinen Topf zum Schmelzen bringen.

2. Etwas Wasser in einem Topf sprudelnd kochen lassen.

3. Eigelbe und Weißwein in einer Metallschüssel mit einem Schneebesen gut verrühren. Die Schüssel über das Wasserbad stellen und in ca. drei Minuten zu einer cremigen, luftigen Masse schlagen. Achtung: Die Masse darf durch den Dampf nicht zu heiß werden, da das Ei sonst gerinnt!

4. Die flüssige Butter unter ständigem Rühren nach und nach hinzufügen.

5. Wenn die gewünschte Konsistenz erreicht ist, mit Zitronensaft, Salz und Pfeffer abschmecken.

6. Die lauwarme Soße sofort servieren!

Die Spargel-Diät

Dauer der Diät: 5 Tage
Mahlzeiten pro Tag: 5
Durchschnittliche Kalorienzufuhr pro Tag: 1190 kcal (4982 kJ)

Spargel ist gut für die schlanke Linie – er enthält ganze 13 kcal pro 100 g. Außerdem ist Spargel sehr gesund. Er enthält 1,5 % Ballaststoffe und fördert dadurch die Verdauung. Spargel ist reich an den wichtigen Vitaminen B_1, B_2, C und E und enthält die Mineralstoffe Kalium, Phosphor, Magnesium und Eisen. Für Frühjahrskuren ist Spargel ideal – sein hoher Kalium-Gehalt hilft, den Körper schnell und wirksam zu entwässern. So purzeln die Pfunde im Nu!

Zusätzlich zu den im Diätplan genannten Getränken sollten Sie viel trinken: mindestens zwei Liter am Tag. Am besten wählen Sie kalorienfreie Getränke wie Tee oder Mineralwasser. Mit Zucker gesüßte Getränke sind versteckte Kalorienbomben und sollten während einer Reduktionskur gemieden werden. Gut ist auch Dinkula, das milchsauer vergorene Enzymgetränk aus Demeter-Dinkelbrot. Es fördert die Verdauung und stärkt das Immunsystem. Dinkula ist im Reformhaus oder Bioladen erhältlich.

Diätbewertung

- Abnehmen ..... *****
- Sättigung ..... *****
- Nährstoffversorgung ..... ***
- Verdauung ..... ***
- Praktisch ..... *****
- Für Berufstätige ..... **
- Kosten ..... **

1. TAG

Ges.: 1199 kcal (5017 kJ), 68,1 g Eiweiß, 42,0 g Fett, 123,5 g Kohlenhydrate (10,3 BE)

Frühstück

Fitmacher-Frühstück

1 Kornspitz (oder Roggenbrötchen)
50 g Magerquark
1 EL fettarmer Naturjoghurt
1 Tomate, Zwiebelwürfel
¼ Beet Kresse
Salz, Pfeffer
0,15 l Gemüsesaft
0,1 l Dinkula

Brötchen halbieren. Quark mit Joghurt cremig rühren und auf die Brötchenhälften verteilen. Eine Hälfte mit Tomatenscheiben und Zwiebelwürfeln belegen, die andere mit Kresse bestreuen. Leicht salzen und pfeffern. Gemüsesaft mit Dinkula verquirlen und pikant abschmecken. Mit dem Frühstück servieren.

322 kcal (1347 kJ), 17,6 g Eiweiß, 2,8 g Fett, 55,4 g Kohlenhydrate (4,6 BE)

Zwischenmahlzeit

Spargelsalat mit Erdbeeren

200 g Spargel
100 g Erdbeeren
50 g Naturjoghurt
Zitronensaft
Pfeffer

Spargel (in mundgerechten Stücken) wie auf S. 10 beschrieben zubereiten. Erdbeeren waschen, putzen und halbieren. Joghurt mit Pfeffer und Zitronensaft abschmecken und den Spargel und die Erdbeeren unterheben.

93 kcal (389 kJ), 6,0 g Eiweiß, 2,4 g Fett, 10,3 g Kohlenhydrate (0,9 BE)

Mittagessen

Spargel mit Lachs

150 g Kartoffeln (3 kleine Kartoffeln)
500 g Spargel
2 TL Speiseöl
125 g Lachsfilet
Salz, Pfeffer
2 EL fettarmer Naturjoghurt
Petersilie, Dill, Kresse
0,2 l Dinkula

Kartoffeln waschen, schälen und ca. 20 Minuten in Salzwasser kochen. Das Lachsfilet unter fließend kaltem Wasser abwaschen, trocken tupfen, pfeffern und salzen. In heißem Speiseöl in einer beschichteten Pfanne von beiden Seiten ca. 4–5 Minuten braten. Spargel wie auf S. 10 beschrieben zubereiten. Die Hälfte des Spargels für das Abendessen kalt stellen. Den restlichen Spargel mit dem Lachs und den gepellten Kartoffeln auf einem Teller anrichten. Joghurt mit fein gewiegten Kräutern verrühren, mit Salz und Pfeffer abschmecken und dazu servieren. Dazu Dinkula trinken.

429 kcal (1812 kJ), 32,1 g Eiweiß, 20,7 g Fett, 27,1 g Kohlenhydrate (2,3 BE)

Zwischenmahlzeit

Energiesnack

1 Banane, 0,2 l Dinkula, Mineralwasser

Banane essen und dazu Dinkula mit Mineralwasser trinken.

118 kcal (493 kJ), 1,4 g Eiweiß, 0,3 g Fett, 26,8 g Kohlenhydrate (2,2 BE)

Abendessen

Spargel-Omelette

250 g gekochter Spargel
2 Eier
2 EL fein gewiegte Kräuter
1 Prise Meersalz
1 TL Butter

Den Spargel über Wasserdampf kurz erwärmen. Inzwischen die Eier mit zwei Esslöffeln Wasser und den Kräutern gut verquirlen. Leicht salzen. Die Butter in einer beschichteten Pfanne erhitzen, die Eimasse hineingießen und stocken lassen. Mit dem Spargel servieren.

237 kcal (992 kJ), 11,0 g Eiweiß, 15,8 g Fett, 3,9 g Kohlenhydrate (0,3 BE)

2. TAG

Ges.: 1197 kcal (5008 kJ), 92,2 g Eiweiß, 32,3 g Fett, 126,5 g Kohlenhydrate (10,5 BE)

Frühstück

Wellness-Brote mit Erdbeeren

2 Scheiben Vollkornbrot
100 g körniger Frischkäse
100 g Erdbeeren
2 Tassen Fastentee

Brote mit Frischkäse bestreichen. Die Erdbeeren waschen, putzen und in Scheiben schneiden und die Brote damit belegen. Dazu Fastentee trinken.

276 kcal (1155 kJ), 19,3 g Eiweiß, 4,1 g Fett, 38,3 g Kohlenhydrate (3,2 BE)

Zwischenmahlzeit

Ballaststoff-Drink

0,1 l fettarme Milch
0,1 l Möhrensaft
0,1 l Dinkula
1 EL zarte Haferflocken
1 EL Weizenkleie

Milch mit Möhrensaft, Dinkula, Haferflocken und Kleie verquirlen.

125 kcal (523 kJ), 6,3 g Eiweiß, 2,5 g Fett, 18,6 g Kohlenhydrate (1,6 BE)

Mittagessen

Spargelteller mit Huhn

500 g Spargel, 150 g Hühnerbrust, 2 TL Olivenöl, Pfeffer, 1 hart gekochtes Ei, 3 EL fettarmer Naturjoghurt, Paprika, Salz, Pfeffer, frischer Dill, 0,2 l Dinkula

Spargel wie auf S. 10 beschrieben zubereiten. Inzwischen die Hühnerbrust unter fließend kaltem Wasser abwaschen, trocken tupfen, pfeffern und salzen. Öl in einer beschichteten Pfanne erhitzen und das Geflügelfleisch darin rundum schön knusprig braten. Das Ei schälen und fein hacken. Die Hühnerbrust quer in Scheiben schneiden und mit 300 g Spargel anrichten. Mit gehacktem Ei bestreuen und mit Dill garnieren. Dazu Joghurt-Dips mit Dill und Paprika servieren und Dinkula trinken.

384 kcal (1607 kJ), 46,0 g Eiweiß, 19,2 g Fett, 5,8 g Kohlenhydrate (0,5 BE)

Zwischenmahlzeit

Spargelsalat mit Krabben

200 g Spargel
50 g Krabben
1 EL Zitronensaft
50 g Naturjoghurt
1 EL fein gehackte Kräuter
Salz, Pfeffer, Dill
1 Scheibe Knäckebrot

Spargel (in mundgerechten Stücken) wie auf S. 10 beschrieben zubereiten. Krabben mit etwas Zitronensaft beträufeln und unter die Spargelstücke heben. Joghurt mit den Kräutern verrühren, mit Zitronensaft, Pfeffer und Salz abschmecken und unter den Salat heben. Mit Dillfähnchen dekorieren und mit dem Knäckebrot servieren.

136 kcal (569 kJ), 15,5 g Eiweiß, 2,9g Fett, 11,2 g Kohlenhydrate (0,9 BE)

Abendessen

Obstsalat „Africana"

1 kleine Banane, 1 Kiwi, ½ Papaya, ¼ Mango, 1 kleine Orange, einige Erdbeeren, einige Litschis, einige Kapstachelbeeren, ½ TL gehackte Pistazien, 2 Tassen Fastentee

Die Früchte schälen. Banane und Kiwi in Scheiben, Mango in Spalten und die Papaya in mundgerechte Stücke schneiden. Orange filetieren. Litschis schälen und den Kern entfernen, große Erdbeeren in Scheiben schneiden und die Kapstachelbeeren von ihren Blättern befreien und waschen. Das Obst auf einem Teller anrichten und mit gehackten Pistazien bestreuen. Dazu Fastentee trinken.

276 kcal (1156 kJ, 5,1 g Eiweiß, 3,9 g Fett, 52,6 g Kohlenhydrate (4,4 BE)

3. TAG

Ges.: 1183 kcal (4950 kJ), 83,8 g Eiweiß, 31,4 g Fett, 139,0 g Kohlenhydrate (11,6 BE)

Frühstück

Vitamin-Frühstück

½ Papaya
1 kleine Banane
200 g Wassermelone
2 Scheiben Ananas
0,2 l Dinkula

Papaya längs halbieren, die Kerne herauslösen und die Frucht in dünne Scheiben schneiden. Aus dem Fruchtfleisch der Melone mit dem Kugelausstecher Kugeln herauslösen, die Banane in Scheiben schneiden. Die Früchte auf einem großen Teller anrichten. Dazu Dinkula trinken.

319 kcal (1335 kJ), 4,3 g Eiweiß, 1,2 g Fett, 74,0 g Kohlenhydrate (6,2 BE)

Zwischenmahlzeit

Tomatendrink

0,15 l Tomatensaft
0,1 l Dinkula
weißer Pfeffer
Schnittlauchröllchen
1 Scheibe Pumpernickel

Tomatensaft mit Dinkula mischen, mit Pfeffer würzen und mit Schnittlauchröllchen verquirlen. Gut gekühlt servieren und dazu die Scheibe Pumpernickel essen.

116 kcal (485 kJ), 5,3 g Eiweiß, 0,4 g Fett, 21.3 g Kohlenhydrate (1,8 BE)

Mittagessen

Putenbrust mit Spargel

500 g Spargel
125 g Putenschnitzel
Pfeffer
2 TL Butter
Meersalz
150 g Erdbeeren
3 EL fettarmer Naturjoghurt
1 TL Zitronensaft
Salz, Pfeffer, Curry

Spargel wie auf S. 10 beschrieben zubereiten. Putenschnitzel unter fließend kaltem Wasser abwaschen, trocken tupfen und mit Pfeffer würzen. Butter in einer beschichteten Pfanne erhitzen und das Putenschnitzel darin von beiden Seiten braten, anschließend leicht salzen. Erdbeeren waschen, putzen und halbieren. Die Hälfte des Spargels in mundgerechte Stücke schneiden, den Rest für die Zwischenmahlzeit aufheben. Putenbrust in Würfel schneiden. Aus Joghurt und Zitronensaft ein Dressing zubereiten, mit Salz, Pfeffer und Curry abschmecken. Spargel, Putenbrust und Erdbeeren unterheben und kurz durchziehen lassen.

290 kcal (1213 kJ), 37,5 g Eiweiß, 9,1 g Fett, 13,5 g Kohlenhydrate (1,1 BE)

Zwischenmahlzeit

Schinkenröllchen mit Spargel

200 g gekochter Spargel,
30 g Lachsschinken, Dillfähnchen,
1 Scheibe Pumpernickel

Den Spargel in den hauchdünn geschnittenen Lachsschinken einrollen und mit Dillfähnchen dekorieren. Dazu die Scheibe Pumpernickel essen.

138 kcal (577 kJ), 13,7 g Eiweiß, 1,7 g Fett, 17,0 g Kohlenhydrate (1,4 BE)

Abendessen

Grüner Spargel mit Mozzarella

300 g grüner Spargel
⅛ l Milch
1 Eigelb
1 TL Speisestärke
50 g Mozzarella
Salz, Muskat
Zitronensaft
gehackter Kerbel
1 EL fein gewürfelte Tomatenstücke

Spargel wie auf S. 10 beschrieben zubereiten. Für die Soße Milch, Eigelb und Speisestärke verrühren und unter Rühren zum Kochen bringen. Mozzarella würfeln, hinzufügen und in der Milch auflösen. Die Soße mit den Gewürzen abschmecken und den Großteil des Kerbels dazugeben. Über den Spargel gießen und im vorgeheizten Backofen bei 200° C, Gas Stufe 3–4, Umluft 180° C fünf Minuten überbacken. Mit Tomatenwürfelchen und Kerbelblättchen bestreuen und servieren.

320 kcal (1339 kJ), 23,0 g Eiweiß, 19,0 g Fett, 13,2 g Kohlenhydrate (1,1 BE)

4. TAG

Ges.: 1165 kcal (4874 kJ), 59,1 g Eiweiß, 31,4 g Fett, 159,5 g Kohlenhydrate (13,3 BE)

Frühstück

Muntermacher-Frühstück

2 Scheiben Knäckebrot
50 g körniger Frischkäse
20 g Honig
0,2 l fettarme Milch
5 EL Sanddorn-Orangen-Nektar

Frischkäse auf das Knäckebrot streichen und den Honig darüber verteilen. Sanddorn-Orangen-Nektar mit der Milch gut verquirlen und gut gekühlt servieren.

318 kcal (1.331 kJ), 13,3 g Eiweiß, 4,5 g Fett, 55,7 g Kohlenhydrate (4,6 BE)

Zwischenmahlzeit

Sanddorn-Orangen-Drink

0,2 l Buttermilch
4 EL Sanddorn-Orangen-Nektar
1 TL Weizenkleie

Buttermilch mit Sanddorn-Orangen-Nektar und Weizenkleie verquirlen.

112 kcal (468 kJ), 7,4 g Eiweiß, 1,0 g Fett, 17,3 g Kohlenhydrate (1,4 BE)

Mittagessen

Bunter Frühlingssalat

250 g Spargel, 1 Portion Frisée-Salat, ½ kleine Zwiebel, 1 Stück gelbe Paprika, einige Radieschen, 1 Frühlingszwiebel, 100 g saure Sahne, Salz, Pfeffer, Paprikapulver, Zitronensaft, 1 Scheibe Brot, 0,2 l Dinkula

Spargel wie auf S. 10 beschrieben zubereiten. Inzwischen den Salat putzen und waschen und in mundgerechte Stücke schneiden. Zwiebel und Frühlingszwiebel in Ringe, Paprika in Streifen, Radieschen in Scheiben schneiden. Die Salatzutaten mit dem Spargel anrichten. Die saure Sahne cremig rühren, mit Salz, Pfeffer, Paprika und Zitronensaft pikant abschmecken und als Dip zu dem Salat reichen. Dazu die Scheibe Brot reichen und Dinkula trinken.

284 kcal (1188 kJ), 14,1 g Eiweiß, 11,1 g Fett, 29,2 g Kohlenhydrate (2,4 BE)

Zwischenmahlzeit

Knäckebrot mit Banane

1 Scheibe Sesam-Knäckebrot, 1 TL Halbfettbutter, 1 kleine Banane

Knäckebrot mit Halbfettbutter bestreichen, die Banane längs durchschneiden und das Brot damit belegen.

156 kcal (653 kJ), 2,5 g Eiweiß, 1,7 g Fett, 32,6 g Kohlenhydrate (2,7 BE)

Abendessen

Gefüllte Eier mit Schinken

1 hart gekochtes Ei
40 g Lachsschinken
1 EL Kräuter Creme fraîche
1 EL Naturjoghurt
1 Scheibe Pumpernickel
0,2 l Dinkula

Das Ei halbieren, Eigelb mit einem Löffel herauslösen und mit der Kräuter Creme fraîche und dem Joghurt vermischen. Die Masse mit einem Spritzbeutel wieder in die Eihälften füllen. Mit dem Lachsschinken und der Scheibe Pumpernickel servieren. Dazu Dinkula trinken.

295 kcal (1234 kJ), 21,8 g Eiweiß, 13,1 g Fett, 24,7 g Kohlenhydrate (2,1 BE)

5. TAG

Ges.: 1198 kcal (5012 kJ), 71,4 g Eiweiß, 48,5 g Fett, 114,6 g Kohlenhydrate (9,6 BE)

Frühstück

Exotisches Müsli

30 g Vollkorn-Früchte-Müsli, 10 g Cornflakes, 1 EL Haferflocken, 1 Kiwi, ¼ Mango, 30 g Kapstachelbeeren, 100 g fettarmer Naturjoghurt, Zitronensaft, 0,2 l Dinkula

Müsli mit Cornflakes und Haferflocken mischen. Kiwi schälen und in Scheiben schneiden. Die vom Kern und aus der Schale gelöste Mango in Stücke schneiden, Kapstachelbeeren von ihren Blättern befreien, waschen und halbieren. Joghurt mit Zitronensaft abschmecken und unter das Müsli heben. Dazu Dinkula trinken.

303 kcal (1268 kJ), 10,8 g Eiweiß, 5,9 g Fett, 49,8 g Kohlenhydrate (4,2 BE)

Zwischenmahlzeit

Fitness-Special

0,15 l Buttermilch, 0,1 l Dinkula
2 EL Sanddorn-Orangen-Nektar
1 EL zarte Haferflocken

Buttermilch mit Dinkula, Sanddorn-Orangen-Nektar und Haferflocken gut verquirlen.

100 kcal (418 kJ), 6,8 g Eiweiß, 0,9 g Fett, 15,7 g Kohlenhydrate (1,3 BE)

Mittagessen

Spargel mit Schinken und Dip

500 g Spargel, 1 hart gekochtes Ei, 30 g magerer roher Schinken, Petersilie, ½ Knoblauchzehe, 75 g saure Sahne, 1 EL fein gehackte Kräuter, Salz, Pfeffer

Spargel wie auf S. 10 beschrieben zubereiten. Das Ei schälen und fein hacken. Den Spargel abtropfen lassen. 200 g Spargel fürs Abendessen kalt stellen. Den restlichen Spargel mit Schinken und dem gehackten Ei auf einem Teller anrichten. Mit Petersilie dekorieren. Knoblauchzehe schälen, durchpressen und mit der sauren Sahne verrühren. Kräuter zugeben, mit Salz und Pfeffer pikant abschmecken und den Dip zu dem Spargel servieren.

314 kcal (1314 kJ), 18,0 g Eiweiß, 23,9 g Fett, 5,5 g Kohlenhydrate (0,5 BE)

Zwischenmahlzeit

Fruchtiges Knäcke

1 Scheibe Knäckebrot, 50 g körniger Frischkäse, 1 kleiner Apfel

Knäckebrot mit Frischkäse bestreichen. Den Apfel waschen, halbieren, vom Kerngehäuse befreien und in dünne Spalten schneiden. Das Brot mit einigen Apfelspalten belegen, den restlichen Apfel dazu essen.

141 kcal (590 kJ), 8,2 g Eiweiß, 2,5 g Fett, 21,0 g Kohlenhydrate (1,8 BE)

Abendessen

Spargel mit Lachs

200 g gekochter Spargel, 75 g geräucherter Lachs, Dillfähnchen, 1 Scheibe Roggenbrot

Den Spargel mit dem Räucherlachs auf einem Teller anrichten und mit Dillfähnchen dekorieren. Dazu die Scheibe Roggenbrot essen.

340 kcal (1422 kJ), 27,6 g Eiweiß, 15,3 g Fett, 22,6 g Kohlenhydrate (1,9 BE)

Allgäutaler
200g e
Zott

Spargel-Schinken-Röllchen

Zubereitung:

1. Den Backofen auf 200° C, Gas Stufe 3–4, Umluft 180° C vorheizen.

2. Den Spargel waschen, schälen und holzige Enden abschneiden. Wasser mit Salz, Zucker, Butter und Zitronensaft aufkochen und den Spargel darin je nach Dicke 10 bis 15 Minuten garen. Herausnehmen und gut abtropfen lassen.

3. Den Käse in 16 Streifen schneiden. Je nach Form die Schinkenscheiben in Rechtecke schneiden. Die Petersilie waschen, trocken schütteln und fein hacken.

4. Jeweils drei Stangen Spargel in eine Schinkenscheibe wickeln und mit je zwei Käsestreifen belegen.

5. Die Röllchen einige Minuten im Ofen überbacken, bis der Käse schmilzt. Mit der gehackten Petersilie bestreut servieren.

Zutaten für 4 Personen:

24 Stangen weißer Spargel
1 Prise Salz
1–2 TL Zucker
1 EL Butter
2 EL Zitronensaft
1 Packung (= 200 g) Käse,
z. B. Zott Allgäutaler
8 Scheiben gekochter Schinken,
nicht zu dünn geschnitten
etwas frische Petersilie

Spargelsuppe

Zutaten für 4 Personen:

500 g Spargel, am besten weißer und grüner
1 Prise Salz, 1–2 TL Zucker, 50 g Butter
40 g Mehl, 3 TL Gemüsebrühe, instant
½ Glas Weißwein, 200 g Crème fraîche
einige Zweige Kerbel, Pfeffer, Muskatnuss, gemahlen

Zubereitung:

1. Den Spargel waschen, den weißen Spargel ganz, bei dem grünen Spargel nur das untere Drittel schälen und holzige Enden abschneiden. Die Stangen in 2 bis 3 cm lange Stücke schneiden. Wasser mit Salz, Zucker und einem Teelöffel Butter aufkochen und die Spargelstücke darin je nach Dicke 10 bis 12 Minuten garen. Herausnehmen, gut abtropfen lassen und die Spargelbrühe auffangen.

2. Die restliche Butter in einem Topf erhitzen. Das Mehl hineinsieben und sofort mit einem Schneebesen verrühren. Nach und nach einen ¾ l Spargelbrühe hinzufügen. Dabei ständig rühren.

3. Die Suppe zum Kochen bringen, das Gemüsebrühepulver hineinrühren und kurz kochen lassen.

4. Den Kerbel waschen, trocken schütteln und fein hacken. Den Wein und die Crème fraîche unter die Suppe rühren. Mit dem Kerbel, Salz, Pfeffer sowie etwas Muskatnuss abschmecken.

5. Die Spargelstücke hinzufügen und die Suppe in Tellern oder Tassen anrichten.

Ein besonderer Teegenuss

Dazu schmeckt eine Tasse mit würzigem, anregendem Ayurvedischem Gewürztee von Bad Heilbrunner.

Spargelsuppe Rügener Art

Zubereitung:

1. Den Spargel waschen, den weißen Spargel ganz, bei dem grünen Spargel nur das untere Drittel schälen und holzige Enden abschneiden. Die Stangen in mundgerechte Stücke schneiden.

2. Einen Esslöffel Butter erhitzen, die grünen Spargelstücke hinzufügen, andünsten und herausnehmen. Die weißen Spargelstücke in das verbliebene Bratfett geben und andünsten.

3. Die Brühe angießen, aufkochen und die Spargelstücke darin je nach Dicke 10 bis 12 Minuten garen. Herausnehmen, gut abtropfen lassen und die Brühe auffangen.

4. Die restliche Butter erhitzen. Das Mehl hineinsieben und sofort mit einem Schneebesen verrühren. Nach und nach Spargelbrühe, Weißwein und Sahne angießen. Aufkochen und die Suppe mit dem Thymian in Öl, Salz, Pfeffer und Muskat abschmecken.

5. Die Forellenfilets in Stücke schneiden und mit den Spargelstücken zur Suppe geben. Kurz miterhitzen und die Suppe in Tellern oder Tassen servieren. Dazu schmeckt frisches Bauernbrot.

Zutaten für 4 Personen:

200 g weißer Spargel
100 g grüner Spargel
3 EL Butter
750 ml Gemüsebrühe
2 EL Mehl
100 ml Weißwein
200 ml süße Sahne
1 TL Kräuter in Öl – Thymian, z. B. von Ostmann
½ TL Salz
1 Msp. Pfeffer, weiß, gemahlen
1 Msp. Muskatnuss, gemahlen
100 g geräucherte Forellenfilets

Spargeltarte

Zubereitung:

1. Den Blätterteig nach Packungsanweisung vorbereiten. Den Backofen auf 200° C, Gas Stufe 3–4, Umluft 180° C vorheizen.

2. Den Spargel waschen, den weißen Spargel ganz, bei dem grünen Spargel nur das untere Drittel schälen und holzige Enden abschneiden. Die Stangen in mundgerechte Stücke schneiden. Wasser mit Salz, Zucker und Butter aufkochen und die Spargelstücke darin je nach Dicke 10 bis 12 Minuten garen. Herausnehmen und gut abtropfen lassen.

3. Den Kochschinken in Streifen schneiden.

4. Die Eier mit der Milch und Petersilie verrühren und mit Salz sowie Pfeffer würzen.

5. Den Blätterteig etwas ausrollen und eine gefettete Springform mit einem Durchmesser von 26 cm damit auslegen. Die Hälfte der Soße in die Springform gießen. Die Spargelstücke und die Schinkenstreifen darauf verteilen, die restliche Soße darübergießen und mit den Pinienkernen bestreuen.

6. Den Käse über die Tarte streuen und ca. 40 bis 50 Minuten im Ofen backen. Nach der Hälfte der Garzeit eventuell mit Alufolie abdecken. Die Spargeltarte mit glatter Petersilie dekoriert servieren.

Zutaten für ca. 12 Stücke:

je 250 g weißer und grüner Spargel
1 Prise Salz
1–2 TL Zucker
1 TL Butter
300 g Tiefkühl-Blätterteig
200 g Kochschinken, z. B. Rügenwalder Pommern Spiess
Fett für die Form
50 g Pinienkerne
100 g Käse, gerieben
glatte Petersilie

Für die Soße:

3 Eier
1/4 l Milch
3 EL Petersilie, gehackt
Salz
Pfeffer, frisch gemahlen

Mini-Pizza mit *Spargel*

Zubereitung:

1. Den Backofen auf 200° C, Gas Stufe 3–4, Umluft 180° C vorheizen. Das Mehl in eine Schüssel sieben, in die Mitte eine Vertiefung drücken und die Hefe hineinbröckeln. Mit dem Zucker bestreuen, mit fünf Esslöffeln lauwarmem Wasser verrühren und an einem warmen Ort abgedeckt ca. 20 Minuten gehen lassen.

2. Die restlichen Zutaten sowie ca. 100 ml lauwarmes Wasser zum Teig geben, gut verkneten und weitere 30 Minuten gehen lassen.

3. Den Spargel waschen, schälen und holzige Enden abschneiden. Die Stangen in mundgerechte Stücke schneiden. Wasser mit Salz, Zucker, Butter und Zitronensaft aufkochen und die Spargelstücke darin je nach Dicke 10 bis 12 Minuten garen. Herausnehmen und gut abtropfen lassen.

4. Die Crème fraîche glatt rühren und mit dem Tzatziki-Würzer sowie Schnittlauch abschmecken. Die Frühlingszwiebeln putzen, waschen, in Ringe schneiden und hinzufügen.

5. Die Tomaten waschen und den Stielansatz entfernen. Die Tomaten in Scheiben und den Kochschinken in Streifen schneiden. Den Teig zu 12 Mini-Pizzen ausrollen und mit der angerührten Creme bestreichen. Die Pizzen mit Spargelstücken, Tomatenscheiben sowie Schinkenstreifen belegen, mit dem Käse bestreuen und ca. 20 Minuten im Ofen goldbraun backen.

6. Die Pizzen mit dem Basilikum in Öl beträufeln und mit Schnittlauch dekoriert servieren.

Zutaten für 4 Personen:

Für den Teig:

500 g Mehl
1 Würfel (= 42 g) frische Hefe
1/2 TL Zucker
Salz
100 ml lauwarmer Orangensaft
1 Ei
50 g weiche Butter

Für den Belag:

250 g weißer Spargel
1 Prise Salz
1–2 TL Zucker
1 TL Butter
1 EL Zitronensaft
250 g Crème fraîche
2–3 TL Tzatziki-Würzer
1 TL Schnittlauch, gefriergetrocknet
4 Frühlingszwiebeln
150 g Tomaten
100 g Kochschinken
100 g Käse, gerieben
4 TL Kräuter in Öl – Basilikum, z. B. von Ostmann
frischer Schnittlauch

Seezungenpfanne mit grünem *Spargel*

Zutaten für 4 Personen:

700 g Seezungenfilet (als Alternative: Schollenfilet)
400 g grüner Spargel
400 g kleine neue Kartoffeln
1 Schalotte
100 g Butter
80 ml Weißwein
120 ml Hühnerbrühe
1 kleines Lorbeerblatt
1 Msp. Piment
¼ Bund Estragon
Salz
Pfeffer

Zubereitung:

1. Die Fischfilets unter fließend kaltem Wasser abwaschen, mit Küchenkrepp trocken tupfen und schräg in 2 bis 3 cm breite Streifen schneiden. Die Schalotte schälen und würfeln.

2. Den Spargel waschen, das untere Drittel schälen und holzige Enden abschneiden. Die Stangen in mundgerechte Stücke schneiden. Die Kartoffeln gründlich waschen, sodass die Schale mitgegessen werden kann, und in dünne Scheiben schneiden.

3. In einer großen beschichteten Pfanne die Hälfte der Butter zerlassen und das Gemüse darin zwei Minuten anschwitzen. Mit Salz und Pfeffer würzen und mit dem Weißwein ablöschen. Die Hühnerbrühe, das Lorbeerblatt sowie den Piment hinzufügen und acht bis zehn Minuten zugedeckt dünsten.

4. Den Estragon waschen, trocken schütteln und grob hacken. Die Seezungenstreifen salzen, pfeffern, mit dem Estragon zum Gemüse geben und drei Minuten zusammen fertig garen.

5. Die restliche kalte Butter in Würfel schneiden, vorsichtig unter die Seezungenpfanne heben und schwenken, sodass der Dünstfond leicht gebunden wird. Abschmecken und servieren.

Aus grün mach weiß …

Natürlich können Sie den grünen Spargel jederzeit durch weißen ersetzen. Achten Sie dann nur darauf, dass weißer Spargel komplett geschält und je nach Dicke 10 bis 15 Minuten gegart werden muss. Mit 1 EL Zitronensaft in der Spargelbrühe bleibt er auch schön weiß.

Spargel mit Pfannkuchen und Kräutersoße

Zutaten für 4 Personen:

Für die Pfannkuchen:

150 g Weizenmehl
1 Prise Salz
2 Eier
¼ l Milch
1 TL Zitronensaft
4 EL Butter
100 g gekochter Schinken
125 g Graved Lachs

Für den Spargel:

750 g weißer Spargel
1 Prise Salz
1–2 TL Zucker
1 TL Butter
1 EL Zitronensaft

Für die Soße:

150 g Butter
2 gehäufte EL Mehl
Salz, Zitronensaft
3 Eigelb
2 TL Petersilie, gehackt
2 TL Kerbel
2 TL Estragon

Zubereitung:

1. Das Mehl in eine Schüssel sieben und gut mit dem Salz mischen. Die Eier und die Milch hinzufügen und zu einem glatten, klumpenfreien Teig verrühren. Gut quellen lassen und erst dann den Zitronensaft dazugeben.

2. Einen Esslöffel Butter in einer Pfanne erhitzen, ein Viertel des Teigs hineingießen und einen Pfannkuchen ausbacken. Portionsweise drei weitere Pfannkuchen in der restlichen Butter ausbacken und warm stellen.

3. Den Spargel waschen, schälen und holzige Enden abschneiden. Wasser mit Salz, Zucker, Butter und Zitronensaft aufkochen und den Spargel darin je nach Dicke 10 bis 15 Minuten garen. Herausnehmen, gut abtropfen lassen und bei 100° C, Gas Stufe 1, Umluft 80° C im Backofen warm stellen.

4. Für die Soße in einem Stieltopf 100 g Butter in einem Topf erhitzen. Das Mehl hineinsieben und sofort mit einem Schneebesen verrühren. Nach und nach ⅜ l sehr heißes Wasser hinzufügen. Dabei ständig rühren. Mit Salz und Zitronensaft würzen, kurz aufkochen und vom Herd nehmen.

5. Die restliche Butter, die Eigelbe und Kräuter hineinrühren und die Soße nochmals abschmecken.

6. Zwei Pfannkuchen mit Schinken und zwei mit Lachs belegen. Den Spargel ganz oder in Stücken auf den Pfannkuchen anrichten und mit der Kräutersoße servieren.

Dazu schmeckt Bad Heilbrunner Gourmet Tee.

Frühlingshaftes Spargel-Knödel-Gratin

Zubereitung:

1. Den Backofen auf 180° C, Gas Stufe 2–3, Umluft 160° C vorheizen.

2. Den Spargel waschen, den weißen Spargel ganz, bei dem grünen Spargel nur das untere Drittel schälen und holzige Enden abschneiden. Die Stangen in ca. 5 cm lange Stücke schneiden. Wasser mit Salz, Zucker und Butter aufkochen und die Spargelstücke darin je nach Dicke 10 bis 12 Minuten garen. Herausnehmen, gut abtropfen lassen und die Spargelbrühe auffangen.

3. Die Mini-Knödel nach Packungsanweisung zubereiten und den Schinken in Streifen schneiden.

4. Die Butter in einem Topf erhitzen und das Mehl darin anschwitzen. Die Milch und 300 ml Spargelbrühe angießen, aufkochen und mit Salz, Pfeffer sowie Muskatnuss abschmecken.

5. Die Frühlingszwiebeln putzen, waschen und in feine Ringe schneiden. Die Hälfte davon unter die Soße mischen.

6. Die Spargelstücke, die Knödel und die Schinkenstreifen in eine Gratinform (24 x 28 cm) geben und die Soße darübergießen. Mit dem Käse bestreuen und ca. 30 bis 35 Minuten goldbraun im Ofen backen. Die restlichen Frühlingszwiebeln über das Gratin streuen und mit Petersilie dekoriert servieren.

Zutaten für 4 Personen:

je 400 g weißer und grüner Spargel
1 Prise Salz
1–2 TL Zucker
1 TL Butter
1 Packung (= 400 g) Mini-Kartoffel-Knödel, z. B. von Henglein
100 g Parmaschinken
glatte Petersilie

Für die Gratinsoße:
2 EL Butter
3 EL Mehl
100 ml Milch (1,5 % Fett)
6 Frühlingszwiebeln
60 g geriebener Käse, fettreduziert
Salz
Pfeffer, frisch gemahlen
Muskatnuss, gemahlen

Zutaten für 4 Personen:

Für den Spargel:
1 kg weißer Spargel, 150 ml Gemüsebrühe
60 g Buchweizenmehl
50 g Weizenmehl Type 405
40 g blütenzarte Haferflocken, z. B von Kölln
1 TL Curcuma, 1 TL Ingwer, frisch gerieben
½ TL Salz, 1 Eigelb Größe M
125 g kernige Haferflocken, 1 EL Pflanzenöl

Für den Salat:
250 g gemischter Blattsalat
4 Tomaten, 4 EL Balsamico Essig
3 EL Pflanzenöl, Jodsalz, Pfeffer
1 Prise Zucker

Für die Dekoration:
Zitronen-Thymian und Lavendel

Gebackener *Spargel* mit Blattsalat

Zubereitung:

1. Den Spargel waschen, schälen und holzige Enden abschneiden. Ca. fünf Minuten in der Gemüsebrühe blanchieren, herausnehmen und gut abtropfen lassen.

2. Die zwei Mehlsorten mit den blütenzarten Haferflocken, 250 ml Wasser und den Gewürzen gut verrühren. Das Eigelb hinzufügen, die Spargelstangen hineintauchen und in den kernigen Haferflocken wenden. Das Öl in einer Pfanne erhitzen und den Spargel darin von allen Seiten goldgelb braten.

3. Den Salat putzen, waschen und in mundgerechte Stücke zupfen. Die Tomaten waschen, vierteln, den Stielansatz entfernen und grob würfeln.

4. Den Essig mit Salz, Pfeffer, Zucker und zum Schluss mit dem Öl verrühren. Den Salat und die Tomatenwürfel in einer Schüssel mit der Vinaigrette übergießen und gut durchziehen lassen. Den Salat und die Spargelstangen auf Tellern anrichten und mit Zitronen-Thymian sowie Lavendel bestreut servieren.

Raffinierte Variante …

Außerhalb der Spargelzeit überzeugt dieses Rezept auch mit Schwarzwurzeln.

Gratinierte *Spargel*röllchen

Zubereitung:

1. Den Backofen auf 250° C, Gas Stufe 5–6, Umluft 230° C vorheizen.

2. Für die Crêpes das gesiebte Mehl mit den Eiern verrühren. 250 ml Milch hinzufügen und unterrühren. Die Butter in einem Topf schmelzen, leicht abkühlen lassen und unter den Teig rühren. Den Teig mit Maggi Würzmischung 1 würzen und zehn Minuten ruhen lassen.

3. Das Öl in einer beschichteten Pfanne erhitzen und darin aus dem Teig nacheinander sechs dünne Crêpes ausbacken.

4. Den Spargel waschen, das untere Drittel schälen und holzige Enden abschneiden. Wasser mit Fondor, Zucker und Butter aufkochen und den Spargel darin je nach Dicke 8 bis 12 Minuten garen. Herausnehmen und gut abtropfen lassen.

5. Für die Soße 250 ml Wasser mit Maggi fix & frisch Spaghetti Napoli zum Kochen bringen und bei geringer Wärmezufuhr eine Minute kochen. Dabei gelegentlich umrühren. Die Soße in einer Auflaufform (20 x 30 cm) verteilen.

6. Den Frischkäse und die Hälfte von dem Parmesan mit dem Handrührgerät verrühren. Mit der restlichen Milch und Maggi Würzmischung 1 würzen und abschmecken.

7. Die Crêpes dünn mit der Frischkäsecreme bestreichen. Jeweils zwei Spargelstangen auf einen Crêpe legen und eng zusammenrollen. Die aufgerollten Crêpes in 4 cm lange Stücke schneiden und senkrecht nebeneinander in die Auflaufform stellen.

8. Mit dem restlichen Parmesan bestreuen und ca. zehn Minuten im Ofen gratinieren.

Zutaten für 4 Personen:

Für die Crêpes:
150 g Mehl, 2 Eier
270 ml Milch, 2 EL Butter
Maggi Würzmischung 1 – gebratenes Fleisch
1 TL Sonnenblumenöl, z. B. von Thomy
200 g Frischkäse
50 g Parmesan, gerieben

Für den Spargel:
500 g grüner Spargel
1 Prise Fondor, 1–2 TL Zucker
1 TL Butter

Für die Soße:
1 Beutel Maggi fix & frisch Spaghetti Napoli

Aus grün mach weiß …

Natürlich können Sie den grünen Spargel jederzeit durch weißen ersetzen. Achten Sie dann nur darauf, dass weißer Spargel komplett geschält und je nach Dicke 10 bis 15 Minuten gegart werden muss. Mit 1 EL Zitronensaft in der Spargelbrühe bleibt er auch schön weiß.

Saibling auf karamellisiertem *Spargel*

Zutaten für 4 Personen:

1 kg weißer Spargel
1 Prise Salz
1–2 TL Zucker
1 EL Butter
3 EL Zitronensaft
2 EL brauner Zucker
glatte Petersilie

Für die Fischfilets:
4 Saiblingsfilets à ca. 120 g
200 g Schwarzwälder Schinken, geschnitten, z. B. von Original Wein's
1 EL Butter
Salz
Pfeffer, frisch gemahlen
Zitronensaft

Zubereitung:

1. Den Spargel waschen, schälen und holzige Enden abschneiden. Wasser mit Salz, Zucker, Butter und zwei Esslöffeln Zitronensaft aufkochen und den Spargel darin je nach Dicke 10 bis 15 Minuten garen. Herausnehmen, gut abtropfen lassen und bei 100° C, Gas Stufe 1, Umluft 80° C im Backofen warm stellen.

2. Die Saiblingsfilets unter fließend kaltem Wasser abwaschen und mit Küchenkrepp trocken tupfen. Mit Salz und Pfeffer würzen, mit Zitronensaft beträufeln und mit dem Schinken umwickeln. In der erhitzten Butter von jeder Seite ca. fünf Minuten braten.

3. Den braunen Zucker in einer Pfanne erhitzen, den Spargel hinzufügen und karamellisieren. Den Spargel mit dem restlichen Zitronensaft beträufeln und mit Salz würzen.

4. Den Spargel mit den Saiblingsfilets auf Tellern anrichten und mit Petersilie dekoriert servieren.

Dazu passen in Scheiben geschnittene, gebratene Drillinge.

Blätterteig-*Spargel*-Säckchen

Zutaten für 10 Stück:

je 250 g weißer und grüner Spargel
1 EL Butter
100 ml Brühe
1 Packung (= 450 g/10 Scheiben)
Tiefkühl-Blätterteig
2 Schalotten
abgeriebene Schale und etwas Saft
von ½ unbehandelten Orange
200 g Frischkäse
½ TL süßer Senf
200 g Schinkenwürfel,
z. B. von Original Wein's
1 Ei
Salz
Pfeffer, frisch gemahlen

Zubereitung:

1. Den Backofen auf 200° C, Gas Stufe 3–4, Umluft 180° C vorheizen.

2. Den Spargel waschen, den weißen Spargel ganz, bei dem grünen Spargel nur das untere Drittel schälen und holzige Enden abschneiden. Die Stangen in ca. 2 cm lange Stücke schneiden und in der erhitzten Butter kurz anbraten. Die Brühe angießen und abgedeckt ca. fünf bis zehn Minuten garen. Herausnehmen und gut abtropfen lassen.

3. Den Blätterteig nach Packungsanweisung vorbereiten.

4. Die Schalotten schälen und fein würfeln. Den Frischkäse mit Orangenschale und -saft verrühren, mit Senf, Salz sowie Pfeffer abschmecken und mit den Schinkenwürfeln, Spargel und Schalotten vermischen. Die Füllung auf den Blätterteigscheiben verteilen.

5. Das Ei trennen und die Blätterteigränder mit dem Eiweiß bestreichen. Die Blätterteigscheiben zu Säckchen zusammenfalten und mit dem verquirlten Eigelb bestreichen. Auf ein mit Backpapier belegtes Blech setzen und ca. 20 bis 30 Minuten goldbraun backen.

Spargel im knusprigen Hafermantel

Zubereitung:

1. Den Backofen auf 200° C, Gas Stufe 3–4, Umluft 180° C vorheizen. Die Eier mit dem gesiebten Mehl, Haferflocken, Milch, Mineralwasser und Salz zu einem glatten Teig verquirlen und eine halbe Stunde quellen lassen.

2. Einen Esslöffel Butter in einer Pfanne erhitzen und einen Esslöffel Haferflocken hineinstreuen. Ein Achtel des Teigs hineingießen und einen dünnen Pfannkuchen ausbacken. Portionsweise sieben weitere Pfannkuchen auf diese Weise ausbacken und warm stellen.

3. Den Spargel waschen, schälen und holzige Enden abschneiden. Wasser mit Salz, Zucker, Butter und Zitronensaft aufkochen und den Spargel darin je nach Dicke 10 bis 15 Minuten garen. Herausnehmen und gut abtropfen lassen.

4. Für die Füllung die Petersilie und den Schnittlauch waschen, trocken schütteln und fein schneiden. Den Mozzarella in kleine Würfel schneiden und mit der Crème fraiche sowie den Kräutern vermengen. Etwas Schnittlauch für die Dekoration zurückbehalten. Mit Salz, Pfeffer, Zucker und Zitronensaft abschmecken.

5. Für die Soße die Sahne mit dem Eigelb, Muskat, Salz und Pfeffer verrühren. Eine Auflaufform buttern, je fünf bis sieben Spargelstangen in die Mitte der Pfannkuchen legen und mit zwei bis drei Esslöffeln der Füllung aufrollen.

6. Die Teigtaschen in die Form schichten, mit der Soße begießen und mit dem Parmesan bestreuen. Ca. 12 Minuten im Ofen knusprig braun gratinieren und mit dem zurückbehaltenen Schnittlauch bestreut servieren. Reichen Sie dazu Schinken.

Zutaten für 4 Personen:

Für die Pfannkuchen:

2 Eier Größe M
80 g Weizenmehl Type 405
40 g kernige Haferflocken,
z. B. von Kölln, 60 ml Milch
60 ml Mineralwasser
1 Prise Salz, 8 EL Butter
8 EL kernige Haferflocken zum Ausbacken

Für den Spargel:

1 kg weißer Spargel
1 Prise Salz, 1–2 TL Zucker
1 EL Butter, 2 EL Zitronensaft

Für die Füllung:

250 g Mozzarella
2 EL Crème fraîche
½ Bund Petersilie
½ Bund Schnittlauch
Salz, Pfeffer, Zucker
1 EL Zitronensaft

Für die Soße:

3 EL saure Sahne, 1 Eigelb Größe M
Muskatnuss, gemahlen, Salz, Pfeffer
3 EL Parmesan, gerieben

Außerdem:

Butter für die Form

Schupfnudel-*Spargel*-Pfanne

Zubereitung:

1. Den Spargel waschen, den weißen Spargel ganz, bei dem grünen Spargel nur das untere Drittel schälen und holzige Enden abschneiden. Die Stangen in mundgerechte Stücke schneiden. Wasser mit Salz, Zucker und Butter aufkochen und die Spargelstücke darin je nach Dicke 10 bis 12 Minuten garen. Herausnehmen, gut abtropfen lassen und die Spargelbrühe auffangen.

2. Das Rinderfilet unter fließend kaltem Wasser abwaschen, mit Küchenkrepp trocken tupfen und in Streifen schneiden. Den Knoblauch schälen, zerdrücken und mit den Filetstreifen, Pfeffer sowie Thymian vermischen.

3. Die Schalotten schälen und in Streifen schneiden. Das Öl erhitzen, die Filetstreifen sowie die Schupfnudeln darin anbraten und herausnehmen. Die Schalottenstreifen in dem verbliebenen Bratfett andünsten, Spargelstücke, Filetstreifen und Schupfnudeln hinzufügen und kurz miterhitzen.

4. Für die Soße 250 ml Spargelbrühe mit der Gemüsebrühe und der Sahne aufkochen und etwas einkochen lassen. Eventuell mit etwas hellem Soßenbinder andicken.

5. Den Bärlauch waschen, trocken schütteln und in Streifen schneiden. Die Vanilleschote der Länge nach aufschneiden und das Mark herauskratzen. Die Soße mit Vanillemark und Bärlauch verfeinern und mit den Gewürzen abschmecken.

6. Die Schupfnudel-Spargel-Pfanne mit Petersilie dekoriert servieren und dazu die Soße reichen.

Zutaten für 2–3 Personen:

je 300 g weißer und grüner Spargel, 1 Prise Salz
1–2 TL Zucker, 1 TL Butter
200 g Rinderfilet
1 Knoblauchzehe
2 Schalotten, 1 TL Speiseöl
1 Packung (= 500 g) Schupfnudeln, z. B. von Henglein
Pfeffer, grob geschrotet
Thymian, gerebelt
glatte Petersilie

Für die Soße:

200 ml Gemüsebrühe
50 ml süße Sahne zum Kochen, fettreduziert
heller Soßenbinder
einige Blätter Bärlauch (als Alternative: Bärlauchpesto)
1 Vanilleschote
Pfeffer, grob geschrotet
Thymian, gerebelt

Spargel-Variationen

Spargel lässt sich mit vielen Beilagen kombinieren. Hier finden Sie zwei der zahlreichen Variationsmöglichkeiten, aus denen Sie wählen können: Spargel mit „Kratzete" und Spargel mit „Reibekuchen".

Zutaten für 4 Personen:

Für den Spargel:

2 kg weißer Spargel
1 Prise Salz
1–2 TL Zucker
1 EL Butter
2 EL Zitronensaft

Zubereitung Spargel:

Den Spargel waschen, schälen und holzige Enden abschneiden. Wasser mit Salz, Zucker, Butter und Zitronensaft aufkochen und den Spargel darin je nach Dicke 10 bis 15 Minuten garen. Herausnehmen, gut abtropfen lassen und bei 100° C, Gas Stufe 1, Umluft 80° C im Backofen warm stellen.

Zubereitung Variante 1:

Spargel mit Kratzete

1. Die Eier trennen und das Eigelb schaumig aufschlagen. Die Milch, das Mehl und die Salatkräuter in Öl unterrühren. Das Eiweiß steif schlagen und unterziehen.

2. Einen Esslöffel Butter in einer Pfanne erhitzen, ein Viertel des Teigs hineingießen und einen Pfannkuchen ausbacken. Nach dem ersten Wenden mit einem Pfannenheber in Stücke „kratzen" und warm stellen. Portionsweise drei weitere Pfannkuchen in der restlichen Butter ausbacken und in Stücke kratzen.

3. Den Dip Quick mit dem Quark und Joghurt verrühren. Den Spargel mit der Kratzete und dem Dip auf Tellern anrichten und servieren.

Zubereitung Variante 2:

Spargel mit Reibekuchen

1. Die Kartoffeln waschen und schälen, die Zwiebel ebenfalls schälen und beides reiben. Mit den Eiern vermischen und mit Salz, Pfeffer und Muskatnuss würzen.

2. Etwas Öl in einer Pfanne erhitzen und nacheinander aus dem Kartoffelteig knusprige, goldbraune Reibekuchen braten.

3. Den Dip Quick mit der Crème fraîche verrühren. Den Spargel mit den Reibekuchen, dem Schinken und dem Dip auf Tellern anrichten und servieren.

Zutaten Variante 1:

Für die Kratzete:
4 Eier
325 ml Milch
200 g Mehl
1–2 TL Kräuter
in Öl – Salatkräuter
4 EL Butter

Für den Dip:
1 Päckchen Ostmann
Dip Quick Kräuter-
Knoblauch
125 g Quark
125 g Naturjoghurt

Zutaten Variante 2:

Für die Reibekuchen:
800 g Kartoffeln
1 Zwiebel
2 Eier, 1 TL Salz
¼ TL Pfeffer, weiß, gemahlen
1 Msp. Muskatnuss, gemahlen
4 EL Speiseöl

Für den Dip:
1 Päckchen Ostmann Dip
Quick Frühlings-Kräuter
250 g Crème fraîche

Außerdem:
8 Scheiben Knochen- oder
Bauernschinken

Spargel-Schinken-Salat „Primavera“

Zubereitung:

1. Den Spargel waschen, den weißen Spargel ganz, bei dem grünen Spargel nur das untere Drittel schälen und holzige Enden abschneiden. Die Stangen in mundgerechte Stücke schneiden. Wasser mit Salz, Zucker und Butter aufkochen und die Spargelstücke darin je nach Dicke 10 bis 12 Minuten garen. Herausnehmen und gut abtropfen lassen.

2. Die Kirschtomaten waschen, halbieren oder je nach Größe vierteln. Die Frühlingszwiebeln putzen, waschen und in feine Ringe schneiden. Die Blattsalate putzen, waschen und in mundgerechte Stücke schneiden.

3. Den Essig mit Senf, Honig, Gemüsebrühe und Schnittlauchröllchen verrühren und mit Salz sowie Pfeffer würzen. Anschließend das Olivenöl unterrühren.

4. Die Salatblätter auf vier großen Tellern anrichten. Die Spargelstücke, die Kirschtomaten und die Frühlingszwiebelringe darauf verteilen. Mit der Vinaigrette beträufeln und mit Schinken-Rosetten belegen.

Dazu schmeckt geröstetes Baguettebrot.

Zutaten für 4 Personen:

je 500 g weißer und grüner Spargel
1 Prise Salz
1–2 TL Zucker
1 EL Butter
250 g Kirschtomaten
½ Bund Frühlingszwiebeln

300 g gemischte Blattsalate, z. B. Römischer Salat, Frisée-Salat, Radicchio
200 g Wellness-Schinken, z. B. von Original Wein`s

Für die Vinaigrette:
2–3 EL heller Balsamico Essig
2 TL Senf
2 TL Honig
100 ml Gemüsebrühe
2 EL Schnittlauchröllchen
2 EL Olivenöl
Salz, Pfeffer

Zutaten für 4 Personen:

Für den Spargel:
1 kg weißer Spargel
1 Prise Salz, 1–2 TL Zucker
1 EL Butter
2 EL Zitronensaft

Für das Ragout:
8 Scampi ohne Kopf
1 Zwiebel, 1 Sternanis
1 TL Knoblauch, granuliert
30 g Butter
1 Msp. Safran, gemahlen
200 g Crème fraîche
½ TL Zitrone und Pfeffer Gewürzaromazubereitung, z. B. von Ostmann
¼ TL Cayennepfeffer, gemahlen
Salz, Zucker
1–2 EL heller Soßenbinder
2 gestrichene TL Kerbel, gerebelt

Für das Risotto:
4 kleine Schalotten
2 EL Olivenöl
½ TL Knoblauch, granuliert
2 Msp. Vanille-Aroma, granuliert
125 g Risotto-Reis
50 ml Weißwein
250 ml Geflügelbrühe
4 cl Sherry
50 g Mascarpone
50 g Butter
40 g Parmesan, gerieben

Für die Dekoration:
frische Frühlingskräuter
4 Sternanis

Spargel-Scampi-Ragout mit Risotto

Zubereitung:

1. Den Spargel waschen, schälen und holzige Enden abschneiden. Die Stangen in mundgerechte Stücke schneiden. Wasser mit Salz, Zucker, Butter und Zitronensaft aufkochen und die Spargelstücke darin je nach Dicke 10 bis 12 Minuten garen. Herausnehmen, gut abtropfen lassen und die Spargelbrühe auffangen.

2. Die Scampi unter fließend kaltem Wasser abwaschen und mit Küchenkrepp trocken tupfen. Das Fleisch aus den Schalen lösen, die Scampi längs halbieren und den Darm entfernen.

3. Die Zwiebel schälen und grob würfeln. Die Zwiebelwürfel mit den Scampi-Schalen, dem Sternanis, Knoblauch, Spargelbrühe, Butter und Safran aufkochen. Ohne Deckel bei geringer Hitze ca. 15 Minuten köcheln lassen.

4. Die Spargelbrühe durch ein Sieb gießen und mit der Crème fraîche glatt rühren. Mit der Zitrone und Pfeffer Gewürzaromazubereitung, Salz, Cayennepfeffer und Zucker abschmecken und mit dem Soßenbinder andicken. Die Spargelstücke und Scampi dazugeben und ca. zwei Minuten miterhitzen. Anschließend den Kerbel hinzufügen.

5. Für das Risotto die Schalotten schälen und in feine Würfel schneiden. Das Öl erhitzen und die Schalottenwürfel mit dem Knoblauch sowie dem Vanille-Aroma andünsten. Den Reis hineinstreuen und glasig dünsten.

6. Den Wein, die Brühe sowie den Sherry angießen und den Reis ca. 15 Minuten unter gelegentlichem Rühren ausquellen lassen. Das Risotto mit Mascarpone, Butter und Parmesan verfeinern.

7. Das Ragout mit dem Risotto anrichten und mit Frühlingskräutern sowie Sternanis dekoriert servieren.

Zutaten für 4 Personen:

je 500 g weißer und grüner Spargel
1 Prise Salz, 1–2 TL Zucker
1 EL Butter
600 g neue Kartoffeln
1 Packung (= 200 g) Schinkenstreifen, z. B. von Original Wein's
Fett für die Form
120 g würziger Käse, gerieben
glatte Petersilie

Für die Gratinsoße:

200 ml süße Sahne, 4 Eier, Salz
Pfeffer, frisch gemahlen
Muskatnuss, gemahlen

Spargelgratin

Zubereitung:

1. Den Backofen auf 180° C, Gas Stufe 2–3, Umluft 160° C vorheizen.

2. Den Spargel waschen, den weißen Spargel ganz, bei dem grünen Spargel nur das untere Drittel schälen und holzige Enden abschneiden. Die Stangen in mundgerechte Stücke schneiden. Wasser mit Salz, Zucker und Butter aufkochen und die Spargelstücke darin je nach Dicke 10 bis 12 Minuten garen. Herausnehmen und gut abtropfen lassen.

3. Die Kartoffeln waschen, schälen und in Scheiben schneiden. Kartoffelscheiben, Spargelstücke und Schinkenstreifen in eine gefettete Gratinform schichten.

4. Die Sahne mit den Eiern verquirlen, mit Salz, Pfeffer sowie Muskatnuss abschmecken und über das Gratin gießen.

5. Das Gratin mit dem Käse bestreuen, ca. 40 bis 50 Minuten goldbraun backen und mit Petersilie dekoriert servieren.

Spargel mit Mandelpiccata

Zutaten für 4 Personen:

Für den Spargel:
1,5 kg weißer Spargel
1 Prise Salz, 1–2 TL Zucker
1 EL Butter, 2 EL Zitronensaft

Für die Soße:
2 Bund Petersilie, 8 Sardellenfilets
2 EL Zitronensaft
3 EL kalifornische Mandeln, gerieben
120 ml Olivenöl, Salz, Pfeffer

Für die Piccate:
2 Eier, 50 g Parmesan, gerieben
50 g kalifornische Mandelblättchen
8 dünne Kalbsschnitzel à 60 g
Salz, Pfeffer, Mehl, Butterschmalz

Für die Dekoration:
glatte Petersilie

Piccata für Vegetarier

Man kann die Käse-Mandel-Mischung auch als kleine Puffer ohne Füllung braten. In einer heißen, beschichteten Pfanne etwas Butter zerlassen und mit einem Esslöffel kleine Puffer hineinsetzen. Zwei Minuten braten, wenden und zwei Minuten goldbraun fertig braten.

Zubereitung:

1. Den Spargel waschen, schälen und holzige Enden abschneiden. Wasser mit Salz, Zucker, Butter und Zitronensaft aufkochen und den Spargel darin je nach Dicke 10 bis 15 Minuten garen. Herausnehmen, gut abtropfen lassen und bei 100° C, Gas Stufe 1, Umluft 80° C im Backofen warm stellen.

2. Für die Soße die Petersilie waschen, trocken schütteln und von den Stielen zupfen. Die Sardellenfilets unter fließend kaltem Wasser abwaschen und mit Küchenkrepp trocken tupfen. Zusammen mit der Petersilie, dem Zitronensaft und den geriebenen Mandeln pürieren. Gleich salzen, damit die Soße schön grün bleibt. Nach und nach das Olivenöl hinzufügen und zum Schluss mit Salz sowie Pfeffer abschmecken.

3. Die Eier mit dem Parmesan verquirlen und die Mandelblättchen unterrühren. Die Kalbsschnitzel unter fließend kaltem Wasser abwaschen und mit Küchenkrepp trocken tupfen. Leicht salzen und pfeffern, in Mehl wenden und durch die Käse-Mandel-Mischung ziehen.

4. Das Butterschmalz in einer beschichteten Pfanne erhitzen und die Piccate darin braten. Insgesamt fünf bis sechs Minuten garen, nach zwei bis drei Minuten einmal wenden.

5. Den Spargel mit den Piccate und der Soße auf Tellern anrichten und mit Petersilie dekoriert servieren.

Dazu passen Salzkartoffeln oder Gnocchi.

Gebratener Lachs auf *Spargel*

Zutaten für 4 Personen:

600 g Lachsfilet
3 Knoblauchzehen
1 Bund glatte Petersilie
1 unbehandelte Limette
75 g Parmesan
3 EL Olivenöl
30 g Pinienkerne
Salz, Pfeffer

Für den Spargel:

je 750 g weißer und grüner Spargel
1 Prise Salz
1–2 TL Zucker
1 EL Butter

Zubereitung:

1. Das Lachsfilet unter fließend kaltem Wasser abwaschen, mit Küchenkrepp trocken tupfen und in vier Portionsstücke schneiden.

2. Den Knoblauch schälen und in Scheiben schneiden. Die Petersilie waschen, trocken schütteln und fein schneiden. Die Limette heiß abwaschen, gründlich trocken reiben und in Scheiben schneiden. Den Parmesan fein hobeln.

3. Den Spargel waschen, den weißen Spargel ganz, bei dem grünen Spargel nur das untere Drittel schälen und holzige Enden abschneiden. Wasser mit Salz, Zucker und Butter aufkochen und den grünen Spargel darin je nach Dicke 8 bis 12 Minuten, den weißen je nach Dicke 10 bis 15 Minuten garen. Herausnehmen, gut abtropfen lassen und bei 100° C, Gas Stufe 1, Umluft 80° C im Backofen warm stellen.

4. Das Olivenöl erhitzen und die Lachsfilets von beiden Seiten ca. fünf Minuten darin braten. Nach vier Minuten die Limetten- und Knoblauchscheiben sowie die Pinienkerne hinzufügen und kurz mitbraten. Mit Petersilie, Salz und Pfeffer abschmecken.

5. Den Spargel mit den Lachsfilets auf Tellern anrichten und mit dem Parmesan bestreut servieren.

Dazu können Sie Nudeln, z. B. Penne, reichen.

Hähnchenbrust mit Käsekruste auf grünem *Spargel*

Zubereitung:

1. Den Backofen auf 100° C, Gas Stufe 1, Umluft 80° C vorheizen. Den Käse in Würfel schneiden und mit den Weißbrotbröseln und Mandeln mischen.

2. Die Hähnchenbrüste unter fließend kaltem Wasser abwaschen und mit Küchenkrepp trocken tupfen. Das Öl in einer Pfanne erhitzen und die Hähnchenbrüste bei mittlerer Hitze auf beiden Seiten jeweils etwa zwei Minuten sanft anbraten. Ca. 20 Minuten im Ofen saftig garen lassen, herausnehmen und den Ofen auf Grillfunktion umschalten.

3. Die Hähnchenbrüste mit Salz und Pfeffer würzen. Die Oberseite mit dem Pesto bestreichen. Je ein Viertel der Käsemasse mit den Händen flach drücken und auf das Pesto legen.

4. Die Hähnchenbrüste mit der Käse-Pesto-Seite nach oben in eine feuerfeste Schale legen. Unter dem vorgeheizten Grill auf der untersten Backofenschiene ca. fünf Minuten überbacken.

5. Den Spargel waschen, das untere Drittel schälen und holzige Enden abschneiden. Die Stangen schräg vierteln. Wasser mit Salz, Zucker und Butter aufkochen und die Spargelstücke darin je nach Dicke 10 bis 12 Minuten garen. Herausnehmen und gut abtropfen lassen.

6. Die Kirschtomaten waschen und halbieren. Den Knoblauch schälen und halbieren. Spargelstücke, Kirschtomaten, Knoblauch und Zitronenschale in der Brühe erwärmen. Knoblauch und Zitronenschale entfernen und das Gemüse mit Salz sowie Pfeffer würzen. Die Petersilie hineinstreuen und die Butter hinzufügen.

7. Das Spargelgemüse auf Tellern anrichten und je eine aufgeschnittene Hähnchenbrust daraufsetzen. Mit Frühlingskräutern dekoriert servieren.

Aus grün mach weiß …

Natürlich können Sie den grünen Spargel jederzeit durch weißen ersetzen. Achten Sie dann nur darauf, dass weißer Spargel komplett geschält und je nach Dicke 10 bis 15 Minuten gegart werden muss. Mit 1 EL Zitronensaft in der Spargelbrühe bleibt er auch schön weiß.

Zutaten für 4 Personen:

Für die Hähnchenbrust:
150 g Weichkäse mit Bärlauch, z. B. von Bonifaz
25 g Weißbrotbrösel
25 g blanchierte Mandeln, gemahlen
4 Hähnchenbrüste à 120–150 g, gehäutet
1 EL Öl
3–4 EL Pesto (falls erhältlich Bärlauchpesto)
Salz
Pfeffer, schwarz, frisch gemahlen

Für das Spargelgemüse:
400 g grüner Spargel
1 Prise Salz, 1–2 TL Zucker
1 TL Butter
150 g Kirschtomaten
1 Knoblauchzehe
1 Streifen unbehandelte Zitronenschale
5–6 EL Gemüsebrühe
1 EL Petersilie, gehackt
1 EL Butter
Salz
Pfeffer, schwarz, frisch gemahlen

Für die Dekoration:
frische Frühlingskräuter

Spargelkuchen mit Estragon

Zutaten für 1 Backblech:

Für den Teig:
250 g Dinkel-Vollkornmehl, z. B. von Aurora
120 g kalte Butter
2 Eier
120 g Quark
1 Prise Salz

Für den Spargel:
500 g weißer Spargel
1 Prise Salz
1–2 TL Zucker
1 TL Butter
1 EL Zitronensaft

Für die Soße:
200 ml süße Sahne
2 EL Crème fraîche
2 Eier
1 Bund Estragon
½ Bund Petersilie
Salz
weißer Pfeffer, frisch gemahlen
Muskatnuss, frisch gerieben

Außerdem:
Mehl für die Arbeitsfläche
Butter für das Blech

Zubereitung:

1. Den Backofen auf 180° C, Gas Stufe 2–3, Umluft 160° C vorheizen. Das gesiebte Mehl und die klein geschnittene Butter mit Eiern, Quark und Salz zu einem glatten Teig verkneten. Den Teig in Klarsichtfolie wickeln und eine Stunde kühl stellen.

2. Den Spargel waschen, schälen und holzige Enden abschneiden. Wasser mit Salz, Zucker, Butter und Zitronensaft aufkochen und den Spargel darin ca. 10 Minuten garen. Herausnehmen und gut abtropfen lassen.

3. Den Teig auf einer bemehlten Arbeitsfläche ca. 1 cm dick ausrollen und ein gefettetes Backblech damit auslegen. Die Spargelstangen gleichmäßig darauf verteilen.

4. Den Estragon und die Petersilie waschen, trocken schütteln und hacken. Sahne, Crème fraîche und Eier mit den Kräutern verrühren. Mit Salz, Pfeffer und Muskatnuss würzen und über den Spargel gießen. Ca. 50 Minuten im Ofen goldgelb backen, die Teigränder nach ca. 30 Minuten mit Alufolie abdecken. Den Spargelkuchen lauwarm servieren.

Ratgeber *Erdbeeren*

Geschichte und Herkunft:

Walderdbeeren waren schon bei unseren Urahnen in der jüngsten Steinzeit bekannt. Im Mittelalter gab es große Flächen, auf denen Walderdbeeren sogar kultiviert wurden.

Die großfruchtige Gartenerdbeere, wie wir sie heute kennen, gibt es allerdings erst seit ca. 200 Jahren: In Amerika ging sie aus einer Kreuzung zwischen der kleinen Scharlacherdbeere und der großfruchtigen Chilierdbeere hervor. In Deutschland wird die Gartenerdbeere seit dem Ende des 19. Jahrhunderts gezüchtet.

Die kleine Walderdbeere findet man in Europa und Nordasien, entlang von Waldrändern sowie in lichten Laub- und Nadelwäldern und – meist recht teuer – auf unseren Wochenmärkten.

Sorten und Arten:

Es gibt mehr als tausend Sorten mit unterschiedlichen Boden- und Klimaansprüchen, verschiedenem Aussehen, Geschmack und Wuchs. Leider befinden sich darunter viele Sorten, die mehr den Bedürfnissen der Erzeuger und des Handels als denen des Verbrauchers gerecht werden: Große, attraktive Früchte, die problemlos längere Transportwege und einige Tage Lagerung überstehen. Diese Früchte sind oftmals kaum saftig und ihre Konsistenz ähnelt der von Schaumgummi. Vom fehlenden Aroma und Duft gar nicht zu sprechen!

Die traditionellen Sorten werden immer seltener gewerblich angebaut. So findet man die zeitweise häufig angebaute, aromatische Sorte „Senga Sengana" selten, denn sie ist empfindlich und für den Handel nicht attraktiv genug. Aromatische Sorten wie „Mieze Schindler" wurden komplett von den gewerblichen Anbauflächen verbannt und gelten heute als reine Liebhabersorten der Hobbygärtner.

Inzwischen lassen sich allerdings auch wieder Ansätze zurück zu den Wurzeln erkennen: Aus Spanien kamen in letzter Zeit z. B. ansehnliche Früchte, die nicht nur robust waren, sondern auch nach Erdbeeren schmeckten. Vielleicht gelingt bald die Züchtung einer Erdbeere, die nicht nur schön aussieht, sondern auch transportunempfindlich ist und das Aroma früherer Sorten hat.

Gesunde Früchtchen:

Die figurfreundlichen Erdbeeren sind reich an Vitaminen und Mineralstoffen. Die Vitamin-C-Bomben haben einen Gehalt von 60 mg pro 100 g Fruchtfleisch. Sie enthalten wertvolle Mineralstoffe wie Kalzium, Kalium, Phosphor und besonders auch Eisen. Nicht umsonst gelten Erdbeeren in der Volksmedizin als wirksames Mittel gegen Blutarmut. Wegen ihres hohen Gehalts an Salizylsäure werden sie zur Linderung von Gicht und Rheuma empfohlen. Frische Erdbeeren mit etwas Zucker oder Schlagsahne zählen zu den köstlichsten Genüssen des Frühsommers.

Der Anbau und die Ernte:

Die Erntezeit der Erdbeere ist relativ kurz. Sie wird in der Regel von Mai bis Juli geerntet. Es gibt aber auch Sorten, die noch bis Oktober geerntet werden können. Bei den Treibhauserdbeeren beginnt die Saison schon im März.

Einkaufen:

Bereits im Januar kommen die ersten Erdbeeren aus spanischen Gewächshäusern in unsere Läden, ab März dann auch aus Italien. Im Geschmack können sie unsere heimischen Früchtchen allerdings nicht übertreffen.

Wer keine Erdbeeren im eigenen Garten anbauen kann, der sollte sich nicht benachteiligt fühlen: Er kann sich nämlich seine Erdbeeren selbst auf einer der vielen Erdbeerplantagen pflücken oder direkt vom Erzeuger kaufen. Die Mühe lohnt sich in jedem Fall. Auf solchen Plantagen werden in der Regel immer noch so aromatische Sorten wie "Senga Sengana" angebaut. Dann kann man auch feststellen, dass eine sonnengereifte, frisch gepflückte Erdbeere unvergleichlich viel besser schmeckt. Je punktgenauer man Erdbeeren erntet, desto besser schmecken sie, denn die Früchte reifen nicht nach!

Aus Israel gibt es Erdbeeren wieder ab November bis Februar. Sind mindestens ⅔ der Fruchtoberfläche rot, sind Erdbeeren genießbar. Ihr volles Aroma entfalten sie aber erst, wenn sie komplett rot gefärbt sind.

Eine weitere Möglichkeit, sich beim Erdbeerkauf Enttäuschungen zu ersparen, ist der Gang über den Wochenmarkt. Hier bieten oft heimische Bauern ihre Waren in kleinen Mengen an und die Chance, aromatische Erdbeeren kaufen zu können, ist ziemlich groß.

Es dauert meistens nicht länger als einen Tag, bis die geernteten Erdbeeren vom Feld zum Verkauf gelangen. Die Erdbeere ist nämlich sehr sensibel und altert nicht gerne.

Wenn sie allerdings frisch genossen wird, belohnt sie die Mühe des schnellen Transports vom Feld auf den Obstteller mit ihrem vollen Aroma und dem unverwechselbaren Geschmack.

Erdbeeren in der Küche:

Aufbewahrung: Erdbeeren sind ausgesprochen empfindlich und sollten am besten vorsichtig transportiert und anschließend sofort gegessen oder verarbeitet werden. Sie sind druckempfindlich und setzen schnell Schimmel an, deshalb beschädigte Früchte aussortieren. Ansonsten sollten die Früchte möglichst ungewaschen und abgedeckt an einem kühlen Ort oder im Gemüsefach des Kühlschranks zwei bis drei Tage aufbewahrt werden (½ Stunde vor dem Essen aus dem Kühlschrank nehmen).

Vorbereiten: Erdbeeren sollten Sie nie mit einem harten Wasserstrahl abbrausen, sondern nur kurz in kaltes Wasser tauchen. Die gewaschenen Beeren sollten gut abtropfen oder vorsichtig trocken getupft werden. Erst nach dem Waschen entfernt man Stiele und Blätter, sonst „bluten" die Früchte aus, d. h., dass Fruchtsaft ausläuft und die Erdbeeren an Geschmack verlieren und „verwässern". Zuckern Sie die Erdbeeren auch erst kurz vor dem Servieren, sonst verlieren sie zu viel Saft und werden weich und schlaff.

Vorrat: Erdbeeren lassen sich prima einfrieren! Damit die druckempfindliche Frucht dabei nicht zu einem undefinierbaren Klumpen zerdrückt wird, sollte man die Früchte nach dem Säubern vorgefrieren. Gut geeignet sind dafür die Toppits Alu-Grillpfannen, auf denen man die Erdbeeren wie auf einem Tablett anrichten und in das Gefriergerät schieben kann. Die Früchte dürfen sich nicht berühren. Wer mag, zuckert die Erdbeeren (100–200 g Streu- oder Puderzucker auf 1 kg Beere), bevor sie in den Beutel kommen.

Allerdings nutzen die leckersten Erdbeeren und die gründlichste Vorbereitung nichts, wenn das Gefriergut nicht sorgfältig verpackt wird. Leicht zu befüllen und zuverlässig sind die Gefrierbeutel mit weiter Öffnung und praktischem Standboden von Toppits. Die verwendete 3-Schicht-Folie schützt das Gefriergut sicher vor Gefrierbrand. Verschließen lassen sich die Beutel ganz einfach durch spezielle Klemmen oder Verschluss-Klippse. So können die Erdbeeren etwa ein Jahr lang gelagert werden.

Gleich nach dem Apfel ist die Erdbeere die beliebteste Frucht der Deutschen: Etwa 3 kg verzehrt jeder im Jahr.

Ein absoluter Klassiker, um den Geschmack der „Königin der Früchte" auch im Winter auf den Tisch zu bekommen, ist die selbst gemachte Erdbeermarmelade. Mit ihr schmeckt das Frühstücksbrötchen gleich doppelt so gut. Zudem erfreut sie sich als Mitbringsel stets größter Beliebtheit.

Erdbeermarmelade

Zutaten:

500 g frische, aromatische Erdbeeren
500 g Gelierzucker
2 Vanilleschoten

Zubereitung:

1. Die gewaschenen und geputzten Erdbeeren mit dem Mixer zerkleinern.
2. Die Erdbeeren mit dem Gelierzucker in einem Topf mischen und etwa fünf Minuten kochen lassen. Dabei öfter umrühren, damit die Masse nicht anbrennt.
3. Die Vanilleschoten der Länge nach aufschneiden, das Mark herauskratzen und unter die Erdbeermasse rühren.
4. Die Marmeladengläser mit heißem Wasser ausspülen und die Erdbeermarmelade hineinfüllen.
5. Die Gläser sofort gut verschließen und ein paar Minuten auf den Deckel stellen, damit keine Keime überleben.

Die *Erdbeer*-Diät

Dauer der Diät: 3 Tage
Mahlzeiten pro Tag: 5
Durchschnittliche Kalorienzufuhr pro Tag: 1200 kcal (5024 kJ)

Erdbeeren sind ideal zum Abnehmen. Sie enthalten pro 100 g ganze 32 kcal, sättigen gut und schmecken toll. Erdbeeren sind wahre Vitaminbomben und reich an Vitamin E, das zum Zellschutz beiträgt, Vitamin C und B-Vitaminen. Zugleich enthalten sie wichtige Mineralstoffe wie z.B. Kalium, Calcium, Magnesium und Eisen. Gerade das Kalium hilft beim Abnehmen – es aktiviert die Tätigkeit der Nieren und fördert dadurch die Entwässerung des Körpers.

Bei nur 1200 kcal pro Tag nehmen Sie mit einer Erdbeer-Diät im Nu ab. Übrigens ohne zu hungern, denn pro Tag gibt es neben den Hauptmahlzeiten zwei kleine Zwischenmahlzeiten. Zusätzlich zu den im Diätplan genannten Getränken sollten Sie viel trinken: mindestens zwei Liter am Tag. Am besten wählen Sie kalorienfreie Getränke wie Tee oder Mineralwasser. Mit Zucker gesüßte Getränke sind versteckte Kalorienbomben und sollten während einer Reduktionskur gemieden werden. Gut ist auch Dinkula, das milchsauer vergorene Enzymgetränk aus Demeter-Dinkelbrot. Es fördert die Verdauung und stärkt das Immunsystem. Dinkula ist im Reformhaus oder Bioladen erhältlich.

Diätbewertung

- Abnehmen ..... *****
- Sättigung ..... ****
- Nährstoffversorgung ..... ****
- Verdauung ..... ****
- Praktisch ..... *****
- Für Berufstätige ..... ****
- Kosten ..... *****

1. TAG

Ges.: 1183 kcal (4950 kJ), 54,3 g Eiweiß, 24,9 g Fett, 174,8 g Kohlenhydrate (14,6 BE)

Frühstück

Erdbeer-Kiwi-Müsli

100 g Erdbeeren, 1 Kiwi, ½ Grapefruit, 40 g Cornflakes, 0,15 l Buttermilch

Erdbeeren waschen, putzen und halbieren. Kiwi schälen und würfeln. Die Grapefruit aus der Schale lösen und in kleine Stücke schneiden. Cornflakes in einen tiefen Teller geben, die Früchte unterheben. Buttermilch darübergießen und kurz durchziehen lassen.

312 kcal (1305 kJ), 10,5 g Eiweiß, 2,1 g Fett, 58,1 g Kohlenh. (4,8 BE)

Zwischenmahlzeit

Vitamin-Cocktail

½ Grapefruit (vom Frühstück), 1 große Orange, 0,1 l Dinkula, 1 EL Kleie

Grapefruit und Orange entsaften. Die Säfte mit Dinkula verquirlen und die Kleie unterrühren.

91 kcal (381 kJ), 2,1 g Eiweiß, 0,5 g Fett, 17,5 g Kohlenhydrate (1,5 BE)

Mittagessen

Pfannkuchen mit Erdbeeren

40 g Weizenmehl, 0,15 l fettarme Milch, 1 Ei, Meersalz, Süßstoff, 2 TL Distelöl, 2 TL (ca. 10 g) Vanillesoße, instant, 100 g Erdbeeren, 0,2 l Dinkula

Die Hälfte der Milch mit dem Ei verquirlen, eine Prise Salz, ein paar Tropfen Süßstoff und das gesiebte Mehl hinzufügen und klumpenfrei verrühren. Öl in einer beschichteten Pfanne erhitzen und nacheinander zwei Pfannkuchen ausbacken. Erdbeeren waschen, putzen, in dünne Scheiben schneiden und auf den Pfannkuchen anrichten. Die restliche Milch mit dem Vanillesoßenpulver verrühren, zu den Pfannkuchen servieren und dazu Dinkula trinken.

396 kcal (1.657 kJ), 16,8 g Eiweiß, 13,7 g Fett, 50,8 g Kohlenhydrate (4,2 BE)

Zwischenmahlzeit

Fruchtige Brote

2 Scheiben Vollkornknäckebrot, 75 g körniger Frischkäse, ½ Kiwi, 50 g Erdbeeren

Knäckebrot mit Frischkäse bestreichen. Mit Kiwi- und Erdbeerscheiben belegen.

152 kcal (636 kJ), 13,1 g Eiweiß, 3,7 g Fett, 16,1 g Kohlenhydrate (1,3 BE)

Abendessen

Obstsalat

1 Orange, 1 Kiwi, 100 g Erdbeeren, 100 g fettarmer Naturjoghurt, 2 EL Sanddorn-Orangen Nektar, 2 EL Weizenflocken

Orange schälen und filetieren, Kiwi in kleine Stücke schneiden, Erdbeeren waschen, putzen und vierteln. Joghurt mit Sanddorn-Orangen Nektar und Weizenflocken verrühren und auf den Früchten verteilen.

232 kcal (971 kJ), 11,8 g Eiweiß, 4,9 g Fett, 32,3 g Kohlenhydrate (2,7 BE)

2. TAG

Ges.: 1201 kcal (5025 kJ), 57,5 g Eiweiß, 22,4 g Fett, 185,4 g Kohlenhydrate (15,5 BE)

Frühstück

Fitmacher-Frühstück

1 Scheibe Vollkornbrot, 40 g Magerquark, 50 g körniger Frischkäse, 1 kleine Orange, 100 g Erdbeeren, 0,2 l Buttermilch

Brotscheibe halbieren, eine Hälfte mit Quark, die andere mit körnigem Frischkäse bestreichen. Mit den in Scheiben geschnittenen Erdbeeren bzw. Orangenfilets belegen. Dazu die Buttermilch trinken.

339 kcal (1.418 kJ), 18,4 g Eiweiß, 5,6 g Fett, 48,3 g Kohlenh. (4,0 BE)

Zwischenmahlzeit

Erdbeer-Flip

0,2 l Buttermilch, 100 g Erdbeeren, Zitronensaft, Süßstoff

Erdbeeren pürieren, mit der Buttermilch verquirlen und mit etwas Zitronensaft und Süßstoff abschmecken.

104 kcal (435 kJ), 7,9 g Eiweiß, 1,3 g Fett, 13,9 g Kohlenhydrate (1,2 BE)

Mittagessen

Grießnockerln mit Erdbeeren

0,15 l fettarme Milch, 40 g Grieß, ½ TL Vanillezucker, 1 Prise Salz, Süßstoff, 1 Eigelb, 100 g Erdbeeren, 1 EL fettarmer Naturjoghurt, 0,2 l Dinkula

Milch erhitzen, Grieß, Vanillezucker und Salz hinzufügen und unter ständigem Rühren kurz aufkochen. Kurz abkühlen lassen, dann das Eigelb unterrühren und mit Süßstoff abschmecken. Inzwischen die Erdbeeren waschen und putzen, in Scheiben schneiden und süßen. Einige Erdbeerscheiben beiseite legen. Den Rest mit dem Joghurt vermengen. Aus dem abgekühlten Grießbrei drei Nockerln formen (am besten mit zwei Löffeln) und auf einem Teller mit den Erdbeerscheiben anrichten. Den Erdbeerjoghurt darübergeben. Dazu Dinkula trinken.

368 kcal (1540 kJ), 19,6 g Eiweiß, 12,0 g Fett, 44,4 g Kohlenh. (3,7 BE)

Zwischenmahlzeit

Erdbeer-Shake

150 g Erdbeeren
0,15 l Buttermilch
Zitronensaft
Süßstoff

Erdbeeren waschen, putzen und mit der Buttermilch im Mixer gut verquirlen. Mit Zitronensaft und Süßstoff abschmecken.

102 kcal (427 kJ), 6,5 g Eiweiß, 1,5 g Fett, 14,3 g Kohlenhydrate (1,2 BE)

Abendessen

Obstsalat

1 Orange, 1 Kiwi, 100 g Erdbeeren, 100 g fettarmer Naturjoghurt, 2 EL Sanddorn-Orangen Nektar, 2 EL Weizenflocken

Orange schälen und filetieren, Kiwi in kleine Stücke schneiden, Erdbeeren waschen, putzen und vierteln. Joghurt mit Sanddorn-Orangen Nektar und Weizenflocken verrühren und über den Früchten verteilen.

232 kcal (971 kJ), 11,8 g Eiweiß, 4,9 g Fett, 32,3 g Kohlenh. (2,7 BE)

3. TAG

Ges.: 1182 kcal (4945 kJ), 70,9 g Eiweiß, 31,2 g Fett, 154,5 g Kohlenhydrate (12,9 BE)

Frühstück

Erdbeer-Bananen-Müsli

3 EL Vollkorn-Haferflocken, 1 EL Weizenkleie, 0,1 l fettarme Milch, 100 g Erdbeeren, 1 kleine Scheibe Ananas, ½ Banane

Haferflocken und Kleie mischen und die Milch darübergießen. Erdbeeren waschen, putzen und halbieren. Die halbe Banane in Scheiben, die Ananasscheibe in kleine Stücke schneiden, die zweite Bananenhälfte für die Zwischenmahlzeit aufheben. Das Obst unter das Müsli heben.

295 kcal (1234 kJ), 8,9 g Eiweiß, 4,9 g Fett, 52,2 g Kohlenh. (4,4 BE)

Zwischenmahlzeit

Kefirdrink

0,125 l fettarmer Kefir, 0,1 l Dinkula, ½ Banane, 1 EL blütenzarte Haferflocken, Zimt

Kefir, Dinkula, Banane und Haferflocken im Mixer gut verquirlen. Eventuell mit etwas Zimt abschmecken und gut gekühlt servieren.

154 kcal (644 kJ), 7,3 g Eiweiß, 2,9 g Fett, 24,5 g Kohlenh. (2,0 BE)

Mittagessen

Wellness-Brote mit Erdbeeren

2 Scheiben Vollkornbrot, 75 g körniger Frischkäse, 100 g Erdbeeren, 2 Tassen Tee

Brote mit Frischkäse bestreichen. Die Erdbeeren waschen, putzen und in Scheiben schneiden und die Brote damit belegen. Dazu Tee trinken.

256 kcal (1071 kJ), 15,9 g Eiweiß, 3,4 g Fett, 38,3 g Kohlenh. (3,2 BE)

Zwischenmahlzeit

Erdbeerbecher mit Pistazien

200 g Erdbeeren
100 g Naturjoghurt
1 TL Vanillezucker
1 TL Pistazien
0,2 l Dinkula

Erdbeeren waschen, putzen und in mundgerechte Stücke schneiden. Joghurt mit Vanillezucker süßen. Pistazien klein hacken. Erdbeeren in ein Kelchglas füllen, den Joghurt darüber verteilen und mit Pistazien bestreut servieren. Dazu Dinkula trinken.

172 kcal (720 kJ), 6,1 g Eiweiß, 6,9 g Fett, 18,9 g Kohlenh. (1,6 BE)

Abendessen

Exotischer Geflügelsalat

100 g Putenbrust, 1 TL Distelöl, 1 TL Obstessig, einige Tropfen Sojasoße, 50 g Erdbeeren, 100 g frische Ananas, 3 Stängel Staudensellerie, 75 g Magermilchjoghurt, Pfeffer, Curry, Meersalz

Putenbrust kalt abspülen, trocken tupfen und schnetzeln, in einer beschichteten, mit etwas Öl ausgestrichenen Pfanne anbraten. Herausnehmen, mit einer Marinade aus Obstessig und Sojasoße beträufeln. Die Früchte in kleine Stücke schneiden. Staudensellerie in Scheibchen schneiden. Das Obst und das Gemüse unter das marinierte Fleisch heben. Den Joghurt mit Pfeffer, Meersalz und Curry würzen und über dem Salat verteilen.

305 kcal (1276 kJ), 32,7 g Eiweiß, 13.1 g Fett, 20,6 g Kohlenh. (1,7 BE)

Zutaten für 4 Personen:

500 g mehligkochende Kartoffeln
1 TL Salz
50 g Mehl Type 405, z. B. von Goldpuder
50 g Hartweizen-Grieß, 1 Eigelb
2 EL Zucker, 1 Vanilleschote
250 g Erdbeeren
frische Minzblätter

Für den Früchtesud:
50 g Kokosraspeln
2 EL Butter
2 EL Honig
1 Dose (= 432 g) Ananasstücke
2 EL Minze, gehackt

Süße Kokos-Gnocchi mit *Erdbeeren*

Zubereitung:

1. Die Kartoffeln waschen und mit dem Salz etwa 20 Minuten in einem geschlossenen Topf kochen. Mit einem spitzen Küchenmesser prüfen, ob sie gar sind. Die abgekühlten Kartoffeln pellen, ausdämpfen lassen und durch eine Kartoffelpresse drücken.

2. Das gesiebte Mehl, den Grieß, das Eigelb und den Zucker untermischen. Die Vanilleschote der Länge nach aufschneiden, das Mark herauskratzen und der Kartoffelmasse hinzufügen.

3. Den Teig zu kleinen Kugeln formen, mit einer Gabel eindrücken und in reichlich siedendem Wasser so lange blanchieren, bis die Gnocchi an die Oberfläche kommen. Abgießen und mit kaltem Wasser abschrecken.

4. Die Kokosraspeln in einer beschichteten Pfanne ohne Fett kurz anrösten. Vorsicht, sie verbrennen schnell! Die Butter in einer Pfanne schmelzen, den Honig hinzufügen und karamellisieren lassen. Die Ananasstücke mit dem Saft dazugeben, erhitzen und die Flüssigkeit etwas einreduzieren lassen. Die Gnocchi sowie die Kokosraspeln untermischen und kurz erhitzen.

5. Die Erdbeeren waschen, putzen und in Scheiben schneiden. Die Gnocchi mit dem Früchtesud auf Tellern verteilen und mit der gehackten Minze bestreuen. Mit den Erdbeerscheiben und Minzblättern dekoriert servieren.

Erdbeertraum

Zutaten für 5 Personen:

500 g Erdbeeren
4 EL Zucker
½ Päckchen Sahnesteif
ca. 130 ml süße Sahne
250 g Naturjoghurt
6 EL Nutella
frische Zitronenmelisse

Zubereitung:

1. Die Erdbeeren waschen, putzen und fein würfeln. Fünf kleine Erdbeeren für die Dekoration zurückbehalten.

2. Die Hälfte der Erdbeerwürfel mit dem Zucker pürieren. Das Sahnesteif mit 100 ml Sahne steif schlagen. Den Joghurt mit dem Erdbeerpüree sowie den restlichen Erdbeerwürfeln vermischen und die Sahne unterheben. Die Masse in fünf kleine Portionsförmchen füllen und ca. zwei Stunden gefrieren lassen.

3. Das Nutella mit der restlichen Sahne etwas erwärmen und zwei Drittel davon als Spiegel auf Tellern anrichten. Die Förmchen etwas antauen lassen und den Inhalt daraufstürzen.

4. Die zurückbehaltenen Erdbeeren halbieren und die Teller mit je zwei Hälften sowie etwas Zitronenmelisse dekorieren. Mit einem Teelöffel und dem restlichen erwärmtem Nutella die Törtchen verzieren.

Erdbeer-Biskuitrolle

Zubereitung:

1. Den Backofen auf 180° C, Gas Stufe 2–3, Umluft 160° C vorheizen.

2. Für den Teig die Eier trennen und die Eigelbe mit dem Zucker schaumig schlagen. Das Eiweiß steif schlagen und unter die Eigelb-Zucker-Masse heben. Das Mehl und das Backpulver durchsieben, mischen und ebenfalls vorsichtig unter die Masse heben.

3. Den Teig auf einem mit Backpapier belegten Blech verteilen und glatt streichen. Ca. zehn bis zwölf Minuten im Ofen backen.

4. Den heißen Biskuitboden mit dem Backpapier auf ein sauberes, mit feinem Zucker bestreutes Geschirrtuch stürzen. Das Backpapier mit etwas kaltem Wasser bestreichen und vorsichtig abziehen. Den noch warmen Biskuitboden mithilfe des Geschirrtuches aufrollen und ca. eine Stunde auskühlen lassen.

5. Für die Füllung die Erdbeeren waschen, putzen und mit dem Zitronensaft sowie 40 g Zucker grob pürieren. Sechs Erdbeeren für die Dekoration zurückbehalten.

6. Die Gelatine nach Packungsanweisung in kaltem Wasser einweichen und auflösen.

7. Die Sahne mit dem restlichen Zucker steif schlagen und dabei das Sahnesteif hineinrieseln lassen. Von der Sahne ca. ein Drittel abnehmen und für die Dekoration in einen Spritzbeutel mit Sterntülle füllen. Das Erdbeerpüree und die Gelatine unter die restliche Sahne ziehen.

8. Den Biskuitboden ausrollen, mit der Erdbeer-Sahne-Füllung bestreichen und vorsichtig zusammenrollen. Die zurückbehaltenen Erdbeeren vierteln. Die Biskuitrolle mit Sahnetupfen und den Erdbeervierteln verzieren. Mindestens zwei Stunden kalt stellen und mit Zitronenmelisse dekorieren.

Zutaten für ca. 12 Stücke:

Für den Teig:
3 Eier
125 g Zucker
125 g Instant-Mehl Type 405, z. B. von Goldpuder
1 Msp. Backpulver

Für die Füllung:
300 g Erdbeeren
1 EL Zitronensaft
50 g Zucker
6 Blatt Gelatine
400 ml süße Sahne
2 Päckchen Sahnesteif

Außerdem:
feiner Zucker
frische Zitronenmelisse

Erdbeer-Grieß-Muffins

Zutaten für ca. 12 Stück:

250 g Erdbeeren
200 g Rhabarber
100 g Marzipanrohmasse
125 g Butter
150 g Zucker
1 Prise Salz
100 g Naturjoghurt
80 g Weichweizen-Grieß,
z. B. von Goldpuder
3 Eier
150 g Weizenmehl Type 405
1 gestr. TL Backpulver
Fett für die Form
2 TL Vanillezucker
1 TL Zucker
3 EL Orangensaft oder -likör
Puderzucker

Zubereitung:

1. Den Backofen auf 180° C, Gas Stufe 2–3, Umluft 160° C vorheizen.

2. Die Erdbeeren und den Rhabarber waschen, putzen und in kleine Stücke schneiden. Ein paar Erdbeerstücke und Rhabarberscheiben für die Dekoration zurückbehalten.

3. Die Marzipanrohmasse fein zerdrücken und mit der Butter glatt rühren. Zucker, Salz, Joghurt, Grieß und Eier hinzufügen und verrühren. Das Mehl und das Backpulver durchsieben, mischen und unter die Grießmasse rühren.

4. Die Rhabarberstücke und ca. ein Drittel der Erdbeerstücke unter den Teig heben. Den Teig in eine gefettete Muffinform füllen und ca. 35 Minuten im Ofen backen.

5. Für die Soße die restlichen Erdbeerstücke mit dem Vanillezucker und Zucker pürieren und mit dem Orangensaft bzw. -likör abschmecken.

6. Die Muffins mit der Soße auf Tellern anrichten. Mit Puderzucker bestäuben und mit den zurückbehaltenen Fruchtstücken dekorieren.

GOLD
PUDER

Eis-Sandwich-Turm mit *Erdbeeren*

Zubereitung:

1. Die Eis-Sandwiches in einer flachen Schale in den gehackten Mandeln rollen, bis ihre Seiten vollständig damit bedeckt sind. Die Eis-Sandwiches auf einer kleinen Platte übereinanderstapeln.

2. Die Erdbeeren waschen, putzen, vierteln und auf der Platte sowie dem Sandwich-Turm verteilen.

3. Die Schokoladensoße dekorativ darübergießen und den Sandwich-Turm sofort servieren.

Zutaten für 3 Personen:

3 Eis-Sandwiches
$\frac{1}{2}$ Tasse kalifornische Mandeln, fein gehackt
1 Tasse Erdbeeren
$\frac{1}{4}$ Tasse Schokoladensoße

Wenn etwas übrig bleibt …

Übrig gebliebene Mandeln können über den fertigen Sandwich-Turm gestreut werden.

Windbeutel mit *Erdbeercreme*-Füllung

Zubereitung:

1. Den Backofen auf 200° C, Gas Stufe 3–4, Umluft 180° C vorheizen.

2. Die Butter mit 250 ml Wasser, dem Salz und Vanillezucker aufkochen. Das gesiebte Mehl hinzufügen und so lange rühren, bis sich der Teig als Kloß vom Boden löst. Den Topf vom Herd nehmen und die Eier einzeln unterrühren.

3. Mit zwei Esslöffeln zwölf Teighäufchen auf ein mit Backpapier belegtes Blech setzen und ca. 25 bis 30 Minuten im Ofen goldbraun backen. Sofort nach dem Backen das obere Drittel der Windbeutel abschneiden und auf einem Kuchengitter abkühlen lassen.

4. Für die Füllung die Gelatine nach Packungsanweisung in kaltem Wasser einweichen und auflösen. Die Erdbeeren waschen, putzen, würfeln und die Hälfte pürieren. Das Erdbeerpüree und die -würfel mit dem Likör mischen. Die Gelatine unterziehen.

5. Die Sahne mit dem Zucker und Vanillezucker steif schlagen und vorsichtig unter die Erdbeercreme heben, sobald diese anfängt zu gelieren.

6. Die Kuvertüre nach Packungsanweisung im heißen Wasserbad schmelzen lassen. Mit einem Teelöffel die Windbeutel-Deckel mit der Kuvertüre verzieren.

7. Die Erdbeercreme auf die unteren Windbeutelhälften verteilen, die Deckel daraufsetzen und mit Puderzucker bestäuben.

Zutaten für ca. 12 Stück:

Für den Teig:
60 g Butter
1 Prise Salz
1 Päckchen Vanillezucker
125 g Weizenmehl Type 405,
z. B. von Goldpuder
4 Eier

Für die Füllung:
3 Blatt weiße Gelatine
250 g Erdbeeren
2 cl Erdbeerlikör
200 ml süße Sahne
30 g Zucker
1 Päckchen Vanillezucker
ca. 25 g Zartbitter-Kuvertüre

Für die Dekoration:
2 TL Puderzucker

Crème brûlée mit marinierten *Erdbeeren*

Zubereitung:

1. Den Backofen auf 120° C, Gas Stufe 1, Umluft 100° C vorheizen.

2. Die Vanilleschote der Länge nach aufschneiden und das Mark herauskratzen. Das Vanillemark mit der Milch, der Sahne und den Kaffeebohnen zum Kochen bringen.

3. In einem zweiten Topf die Eier mit den Eigelben und 30 g Zucker verquirlen. Unter Rühren die Milchmischung hinzufügen und vorsichtig erhitzen, bis die Creme leicht bindet. Durch ein feines Sieb gießen und auf vier flache Keramikförmchen verteilen.

4. Die Creme ca. 20 Minuten im Ofen garen. Herausnehmen, mit Zeitungspapier abdecken und abkühlen lassen.

5. Die Erdbeeren waschen und putzen. Ein Drittel der Erdbeeren mit dem Orangenlikör und Honig pürieren, den Rest in Scheiben schneiden.

6. Die Zitronenmelisse waschen, trocken schütteln und einen Zweig fein schneiden. Mit den Erdbeerscheiben sowie dem Erdbeerpüree mischen und sehr kalt stellen.

7. Zum Servieren die Cremes mit dem restlichen Zucker bestreuen und mit einem Brenner möglichst schnell karamellisieren. Mit den marinierten Erdbeeren servieren und mit je einem Zweig Zitronenmelisse dekorieren.

Jede Menge Möglichkeiten …

Das Verhältnis zwischen Sahne und Milch kann variiert werden – sogar nur mit Milch schmeckt die Creme sehr gut. Französische Köche ersetzen manchmal einen Teil der Sahne auch durch Crème fraîche, das gibt dem Rezept eine frische, leicht säuerliche Note.

Zutaten für 4 Personen:

Für die Crème brûlée:
½ Vanilleschote
300 ml Milch
200 ml süße Sahne
1 EL Espressokaffeebohnen
3 Eier
2 Eigelb
50 g Zucker

Für die Erdbeeren:
250 g Erdbeeren
1 EL Orangenlikör
1 EL Honig
5 Zweige Zitronenmelisse

Erdbeer-Möhren-Kuchen

Zubereitung:

1. Den Backofen auf 180° C, Gas Stufe 2–3, Umluft 160° C vorheizen.

2. Die Möhren schälen, fein reiben und in einem Haarsieb abtropfen lassen. Die Eigelbe mit Zucker, Zuckerrübensirup, Zitronensaft und -schale schaumig rühren und die Möhren untermischen. Das Mehl und das Backpulver durchsieben, mit den Mandeln vermischen und unterziehen.

3. Den Teig in eine mit Backpapier ausgelegte Springform mit einem Durchmesser von 26 cm füllen und ca. 35 bis 40 Minuten im Ofen goldbraun backen. Auf einem Kuchengitter auskühlen lassen.

4. Die Erdbeeren waschen, putzen, je nach Größe halbieren oder vierteln und auf der Kuchenoberfläche verteilen. Den Tortenguss mit dem Zucker und 250 ml Wasser nach Packungsanweisung anrühren und die Erdbeeren damit überziehen.

5. Die Mandelblättchen in einer beschichteten Pfanne ohne Fett kurz anrösten. Vorsicht, sie verbrennen schnell!

6. Die Konfitüre glatt rühren, etwas erwärmen, den Kuchenrand damit bestreichen und die Mandelblättchen andrücken. Den Guss an einem kühlen Ort vollständig fest werden lassen. Den Kuchen mit Marzipanmöhren dekorieren.

Zutaten für ca. 16 Stücke:

Für den Teig:
300 g Möhren
5 Eigelb, 150 g Zucker
2–3 EL (= 50 g) Zuckerrübensirup, z. B. von Grafschafter
Saft und abgeriebene Schale von 1 unbehandelten Zitrone
150 g Mehl
2 TL Backpulver
200 g Mandeln, gemahlen

Für den Belag:
500 g Erdbeeren
1 Päckchen Tortenguss
2 EL Zucker

Für die Dekoration:
50 g Mandelblättchen
2–3 EL Erdbeerkonfitüre
kleine Marzipanmöhren

Erdbeerbowle

Zutaten für 4 Gläser:

100 g Karamell-Sirup,
z. B. von Grafschafter
125 ml Zitronensaft
2 unbehandelte Orangen
2 unbehandelte Limetten
250 g Erdbeeren
Mineralwasser zum Auffüllen

Zubereitung:

1. Den Sirup mit 375 ml Wasser sowie dem Zitronensaft gut verrühren und in ein Bowlegefäß gießen.

2. Die Orangen und Limetten heiß abwaschen, gründlich trocken reiben und in dünne Scheiben oder kleine Stücke schneiden. Die Erdbeeren waschen, putzen und je nach Größe halbieren oder vierteln. Mit den Orangen und Limetten in die Bowle geben und ca. 1 bis 1½ Stunden kalt stellen.

3. Vor dem Servieren die Bowle mit gut gekühltem Mineralwasser auffüllen und auf Gläser verteilen.

Erdbeer-Chili-Drink

Zutaten für 1 Glas:

200 g Erdbeeren, 250 ml fettarme Milch
1 EL frische Minze, gehackt, 1 TL rote Chilischoten, gehackt
25 g Haferkleie-Flocken, z. B. von Kölln
1 TL Zartbitter-Schokostreusel, frische Minzblätter

Zubereitung:

1. Die Erdbeeren waschen, putzen und mit der Milch pürieren.
2. Die Minze, die Chilischoten und die Haferkleie-Flocken unterrühren.
3. Auf Gläser verteilen und mit den Schokostreuseln bestreuen. Mit ein paar Minzblättern dekorieren.

Erdbeer-Margaritha

Zutaten für 6 Gläser:

750 g Erdbeeren, 15 cl weißer Tequila, 6 EL Puderzucker
Saft von 1 Zitrone, 12 EL zerstoßenes Eis

Zubereitung:

1. Die Erdbeeren waschen und putzen. Drei Stück für die Dekoration zurückbehalten. Die restlichen Erdbeeren mit Tequila, Puderzucker und Zitronensaft pürieren.
2. Das Eis auf Gläser verteilen, die Erdbeer-Margaritha dazugießen und mit den zurückbehaltenen Erdbeeren dekorieren.

Erdbeer-Grieß-Flammeri im Glas

Zutaten für 6 Gläser à 300 ml:

Für die Soße:
250 g Erdbeeren
3 EL Erdbeerkonfitüre
2 EL Puderzucker
2 Blatt weiße Gelatine

Für den Erdbeersalat:
250 g Erdbeeren
2 EL Puderzucker

Für die Flammeris:
750 ml Milch
80 g Zucker
1 Päckchen Vanillezucker
1 Prise Salz
abgeriebene Schale von 1 unbehandelten Zitrone
150 g Weichweizen-Grieß,
z. B. von Aurora
3 Eier Größe L
125 ml Orangensaft

Zubereitung:

1. Für die Soße die Erdbeeren waschen, putzen und mit der Konfitüre sowie dem Puderzucker pürieren. Die Gelatine nach Packungsanweisung in kaltem Wasser einweichen und auflösen. Etwa drei Esslöffel von der Soße unter die Gelatine rühren. Anschließend die Gelatine unter die restliche Soße rühren.

2. Für den Salat die Erdbeeren waschen, putzen, in Scheiben schneiden und mit dem Puderzucker marinieren.

3. Die Milch mit dem Zucker, Vanillezucker, Salz und der Zitronenschale aufkochen. Den Grieß hineinstreuen und unter Rühren eine Minute kochen. Vom Herd nehmen und fünf Minuten abgedeckt quellen lassen.

4. Die Eier trennen und das Eiweiß steif schlagen. Den Orangensaft mit den Eigelben verrühren und unter den Grieß schlagen. Den Eischnee vorsichtig unterheben.

5. Sechs Gläser kalt ausspülen und jeweils mit zwei bis drei Esslöffeln Grieß füllen. Abwechselnd etwas Erdbeersalat, Soße und wieder Grieß darauf schichten. Mit einer Schicht Grieß abschließen.

Erdbeer-Baiser-Torte

Zubereitung:

1. Den Backofen auf 200° C, Gas Stufe 3–4, Umluft 180° C vorheizen.

2. Für den Teig die Butter mit 125 g Zucker und dem Vanillezucker cremig rühren. Die Eier trennen und die Eigelbe einzeln unterschlagen. Das Mehl mit dem Backpulver durchsieben und mit den Haferflocken mischen. Zusammen mit der Milch unterrühren.

3. Zwei Springformen mit einem Durchmesser von 26 cm einfetten und mit Haferflocken ausstreuen. Jeweils die Hälfte des Teiges in die Formen streichen und zehn Minuten im Ofen backen.

4. Für das Baiser das Eiweiß steif schlagen und den restlichen Zucker nach und nach unterrühren. Jeweils die Hälfte der Baisermasse auf die warmen Kuchenböden streichen und 15 Minuten bei 170° C, Gas Stufe 2, Umluft 150° C backen. Anschließend weitere 45 Minuten bei 120° C, Gas Stufe 1, Umluft 100° C backen und auskühlen lassen.

5. Für die Füllung die Erdbeeren waschen, putzen und in Scheiben schneiden. Einen der Kuchenböden mit den Erdbeerscheiben belegen.

6. Quark, Mascarpone, Zucker und Vanillezucker verrühren und auf die Früchte streichen. Den zweiten Kuchenboden darauflegen und die Torte 60 Minuten kühl stellen. Kurz vor dem Servieren die Torte mit Puderzucker bestäuben.

Zutaten für ca. 16 Stücke:

125 g Butter
325 g Zucker
1 Päckchen Vanillezucker
4 Eier Größe M
100 g Weizenmehl Type 405
2 TL Backpulver
50 g Instant-Haferflocken, z. B. von Kölln
6 EL Milch (3,5 % Fett)

Für die Füllung:

500 g Erdbeeren
375 g Magerquark
375 g Mascarpone
75 g Zucker
1 Päckchen Vanillezucker

Außerdem:

Fett für die Formen
Instant-Haferflocken für die Formen
Puderzucker

Gut vorbereitet

Den Boden besser einen Tag vorher zubereiten, dann hat er zum Belegen genau die richtige Festigkeit.

Register

Genehmigte Lizenzausgabe
EDITION XXL GmbH
Fränkisch-Crumbach 2009
www.edition-xxl.de

Idee und Projektleitung: Sonja Sammüller
Layout, Satz und Umschlaggestaltung:
SAMMÜLLER KREATIV GmbH

ISBN (13) 978-3-89736-074-7
ISBN (10) 3-89736-074-8

Bild- und Textnachweis

Wir danken folgenden Firmen für ihre freundliche Unterstützung:

Almond Board of California 50–51, 70–71
Aurora 56–57, 80–81
Fisch-Informationszentrum (FIZ) e. V., Hamburg 52–53
Ketchum GmbH, München
– Bergader Privatkäserei 54–55
Landesvereinigung der Bayerischen Milchwirtschaft 24–25, 74–75
Maggi Kochstudio 11, 32–33, 79
Peter Kölln KGaA, Elmshorn 30–31, 38–39, 79, 82–83
The Food Professionals Köhnen AG, Sprockhövel
– Goldpuder 62–63, 66–67, 68–69, 72–73
– Grafschafter 76–77, 78
– Henglein 28–29, 40–41
– Nutella 64–65
– Original Wein's 34–35, 36–37, 44–45, 48–49
– Ostmann 19, 22–23, 42–43, 46–47
– Rügenwalder 20–21
Toppits® 9, 59
Wirths PR GmbH, Fischach 12–15, 60–61
– www.1000rezepte.de 18, 26–27
– Zott Allgäutaler 16–17

Alle weiteren Fotos: SAMMÜLLER KREATIV GmbH